上海智库报告
SHANGHAI ZHIKU BAOGAO

红色天际线

上海楼宇党建创新经验与规律

汪仲启 等 / 著

上海人民出版社

出版说明

智力资源是一个国家、一个民族最宝贵的资源。中国特色新型智库是智力资源的重要聚集地，在坚持和完善中国特色社会主义制度、全面推进中国式现代化过程中具有重要支撑作用。党的十八大以来，习近平总书记高度重视中国特色新型智库建设，多次发表重要讲话、作出重要指示、提出明确要求，强调把中国特色新型智库建设作为一项重大而紧迫的任务切实抓好。在习近平总书记亲自擘画下，中国特色新型智库的顶层设计逐步完善，智库建设迈入高质量发展的新阶段。

上海是哲学社会科学研究的学术重镇，也是国内决策咨询研究力量最强的地区之一，在新型智库建设方面一向走在全国前列。近年来，在市委和市政府的正确领导下，全市新型智库坚持“立足上海、服务全国、面向全球”的定位，主动对接中央和市委重大决策需求，积极开展重大战略问题研究，有力服务国家战略，有效助推上海发展。目前，全市拥有上海社会科学院、复旦大学中国研究院等 2 家国家高端智库建设试点单位，上海全球城市研究院、上海国际问题研究院等 16 家重点智库和 10 家重点培育智库，初步形成以国家高端智库为引领，市级重点智库为支撑，其他智库为补充，结构合理、分工明确的新型智库建设布局体系。

“上海智库报告”是市社科规划办在统筹推进全市新型智库建设的过程中，集全市之力，共同打造的上海新型智库建设品牌。报告主要来自市社科规划办面向全市公开遴选的优秀智库研究成果，每年推出一辑。入选成果要求紧扣国家战略和市委市政府中心工作，主题鲜明、分析深刻、逻辑严密，具有较高的理论说服力、实践指导作用和决策参考价值。“上海智库报告”既是上海推进新型智库建设的重要举措，也是对全市智库优秀研究成果进行表彰的重要形式，代表上海新型智库研究的最高水平。

2023年度“上海智库报告”深入学习贯彻落实党的二十大精神，紧密结合主题教育和十二届市委三次全会精神，聚焦上海强化“四大功能”、深化“五个中心”建设的一系列重大命题，突出强调以落实国家战略为牵引、以服务上海深化高水平改革开放推动高质量发展为基本导向，更加注重报告内容的整体性、战略性和前瞻性，引导全市新型智库为上海继续当好全国改革开放排头兵、创新发展先行者，加快建设具有世界影响力的社会主义现代化国际大都市，奋力谱写中国式现代化的新篇章提供智力支撑。

上海市哲学社会科学规划办公室

2023年9月

目　录

序　言　　郭定平　001

导　言　　001

第一章　新时代加强超大城市商务楼宇党建的使命与任务　017

第一节　新形态：农村中国走向城市中国　017

第二节　新结构：城市基层党建和社会治理的空间重组与关联再造　019

第三节　新需求：社会需求是创造关联的着力点和开展治理活动的出发点　023

第四节　新问题：国家“进入”新社会空间所面临的困难　026

第五节　新目标：实现对楼宇新社会空间的凝聚、整合与引领　029

第二章　社会空间变迁与楼宇党建发展　034

第一节　城市社会空间结构的变迁　035

第二节　空间结构变迁与楼宇党建困境　038
第三节　楼宇党建功能拓展与模式创新　042

第三章　组织嵌入模式：增强基层党组织的“两个覆盖”　050

第一节　楼宇党建的诞生　051
第二节　基层党组织体系的适应性变革　064
第三节　“支部建在连上”的创造性转化　087
第四节　小结与讨论　090

第四章　服务凝聚模式：强化基层党组织的凝聚力与吸引力　092

第一节　楼宇党群空间：从“建组织”到“送服务”　093
第二节　强化党建阵地以服务促引领　096
第三节　楼宇党建的创新与升级　134
第四节　小结与讨论　143

第五章　治理创新模式：党建引领楼宇社区自治共治　145

第一节　以治理思维拓展党建功能　146
第二节　以组织创新搭建治理平台　153
第三节　以党建引领助推楼宇善治　159
第四节　小结与讨论　172

第六章　功能拓展模式：党建引领优化楼宇营商环境　174

第一节　转变观念：党建也是营商环境　175

第二节　研判形势：提升楼宇党建优化营商环境大有可为　179

第三节　看清问题：当前提升楼宇党建优化营商环境的困难与短板　188

第四节　找准对策：提升楼宇党建能级优化区域营商环境的重点领域和突破方向　191

第七章　总结与展望　196

第一节　新时代楼宇党建形态的递进与提升　198

第二节　从组织化党建到整体性党建　211

第三节　新时代楼宇党建的进一步创新行动　216

后　记　224

序　言

欣闻汪仲启博士等著《红色天际线——上海楼宇党建创新经验与规律》即将出版并受托作序，我是毫不犹豫立即答应，主要原因有三：第一，仲启研究基层民主和社会治理多年，成就斐然，如今又有新作问世，理当表示衷心祝贺。第二，上海的商务楼宇党建在经过20余年的探索实践和经验积累的基础上，现在有了理论总结的学术著作出版，应该是党建研究，特别是上海党建研究中的一件大好事，当然要表示热烈欢迎。第三，既然是党建研究有了新成果，作为一名政党研究学者，也想借此机会谈点看法，与各位读者分享。

近年来，中国政治学研究在取得前所未有的大发展的同时，也出现了一些不容忽视的大挑战，其中一个重要问题就是如何正确处理政治学领域的政党研究与党史党建学领域的政党研究的关系。在中共党史党建学正式确定为一级学科之后，全国各地已经组建了一些党史党建学学院或研究院，相关研究正在如火如荼地展开。不少原来从事政治学研究的学者或者刚刚从政治学专业毕业的博士纷纷加入到马克思主义学院或者党史党建学学院和研究院，从党史党建学的角度开展政党研究。于是，从事政党研究的学者队伍不断壮大，这是好事，当然值得高兴。不同学科的理论资源引入党史党建领域，对于双方而言都是有益的借鉴和补充；特别是包括楼宇党建在内的当代中国党建领域的最新实践，需要包括政治学、社会学等领域研究力量认真加以关注和研究。

从目前的学术研究倾向和发表成果来看，政治学领域的政党研究与党史党建学领域的政党研究确实存在一些不同，主要表现在：第一，在研究对象和范围上，政治学领域的政党研究涵盖世界很多国家的政党政治与政党制度，而党史党建学的政党研究主要是中国共产党的研究，也涉及其他一些马克思主义政党，特别是社会主义国家的执政党。第二，在学科学术规范上，政治学领域的政党研究更加注重文献综述和概念与理论创新，特别是引用比较政治学领域的政党研究中外文文献；而党史党建学的政党研究则特别强调引用马克思主义经典著作和中国化的马克思主义理论创新成果，更为注重理论阐释和政治宣传。第三，在研究方法上，政治学领域的政党研究更加注重实证分析和社会科学方法论自觉；而党史党建学的政党研究则强调马克思主义历史唯物主义世界观和方法论，更多是经典作家的著作和党的重要文献的文本分析，或者是党的历史经验总结与提炼。

尽管如此，我认为不能过分强调政治学领域的政党研究与党史党建学领域的政党研究之间的区别，在推动中国特色哲学社会科学概念创新、理论创新和构建中国哲学社会科学自主知识体系过程中，二者具有很多共同的使命与要求，需要推动二者的交流与交融，相互学习，共同提高。一方面，政治学领域的政党研究要加强马克思主义政党理论的指导，也要更加注重对中国共产党治国理政历史经验的研究；另一方面，党史党建学的政党研究要更加注重科学化、学术化发展，推动政党研究的学术性与政治性的有机统一。

习近平总书记在党的二十大报告中指出，要以中国式现代化全面推进中华民族伟大复兴，中国式现代化是中国共产党领导的社会主义现代化，既有各国现代化的共同特征，更有基于自己国情的中国特色。2023 年 2 月 7 日，习近平总书记在学习贯彻习近平新时代中国特色社会主义思想和党的二十大精神研讨班开班式上发表重要讲话强调，我们进一步深化对中国式现代化的内涵和本质的认识，概括形成中国式现代化的中国特色、本质要求和重大原则，初步构建中国式现代化的理论体系。如何从政治学的角度解读中国式现代化，构建中国政党政治学的概念体系、理论体系、话语体系、教材体系，进而构建我们的政党政治学自主知识体系，就是当前和今后一段时间中国政治学和党史党建学研究的重大任务。

中国共产党在百余年的奋斗历程中积累了政党治理的丰富经验，形成了推进党的建设伟大工程，坚持党要管党、全面从严治党的一系列成熟理论，提出了以党的政治建设为统领，全面推进党的政治建设、思想建设、组织建设、作风建设、纪律建设，把制度建设贯穿其中，提高党的长期执政能力的基本要求和总体布局。特别是近年来形成的政党领导核心建设、推进政党自我革命、学习型政党建设、德才兼备以德为先的高素质干部队伍建设、零容忍的反腐败斗争和廉政建设均取得了重大成就、产生了广泛影响。这些创新理论和实践可以成为政党治理研究的知识基础和鲜活资料。

商务楼宇党建就是在中国城市化快速发展的新时代加强基层党组织建设，进而引领和优化城市基层治理的重要创新实践。上海在全国先行先试，全面加强商务楼宇党建，出台《深化推进本市商务楼宇党的建设工作的意见》，推动楼宇党建的高质量发展。坚持“支部建在楼宇，党建落到实处”，从产业集聚、企业汇聚、人才广聚出发，推动“楼宇社区建党委、楼宇企业建支部”，确保楼宇内党员都能够及时找到组织找到家。到 2021 年，全市 1410 幢商务楼宇中 90% 的重点楼宇已经建立了楼宇联合党委（总支），构建“党建为核心、经济为主体、服务为载体”的楼宇党建服务营商环境新模式，取得显著成效，赢得广泛赞誉。

汪仲启博士课题组集中研究上海商务楼宇党建创新模式，在回顾和总结大量现有研究成果的基础上，着重开展上海商务楼宇党建的典型案例研究，在浦东新区潍坊新村街道、陆家嘴街道、黄浦区南京东路街道等十几个街道实地调研，走访楼宇 20 余栋，召开座谈会近 30 场，深度访谈 50 余人，收集了大量鲜活的第一手资料。在充分掌握学术文献和收集整理调研资料的基础上，课题组坚持把马克思主义政党学说和我们党的创新理论与中国式现代化的生动实践有机结合，正确运用当代政治学、社会学的相关概念和理论，全面深入地分析了上海楼宇党建的发展脉络及其内在规律。

在此研究著作中，作者基于自己的学术积累和上海的创新实践，将上海 20 多年的楼宇党建划分为相互区别又相互联系的四个大的阶段，他们称之为楼宇党建模式的“1.0 版”到“4.0 版”，如果说前三者分别对应于“党务为本”“服务为重”“治理为魂”，各有侧重，楼宇党建的“4.0 版”就发展为“功能拓展”这一整体性党建和整体性治理相互融合、相互促进的新阶段，可谓循序渐进、渐入佳境。作者强调，这四个阶段和四种模式并不是相互区隔和脱节的，而是不断迭代升级的关系，因此可以说上海商务楼宇党建模式创新是一种“历程迭代式的模式创新”或“内涵扩展式的模式创新”，“建组织”“送服务”“善治理”“强功能”的核心内涵始终贯穿其中。据此思路完成的新著就是一部既有理论性又有实践性，既有学术性又有政治性的全新创作，是上海政治学界和党史党建学界的又一重大理论成果。

仲启曾经在复旦大学攻读政治学专业的博士课程，我担任过他们的任课老师。毕业后到中共上海市委党校从事教学科研工作，他又参加了我主持的中国共产党研究的科研课题。他对政治学研究很感兴趣，也富有学术激情，非常勤奋努力，近年先后出版《实践民主：当代中国基层民主发展的历史与逻辑》《权力运行制约和监督体系建设》《民心政治：生活中的全过程人民民主》等颇有影响的著作。他的学历和经历本身就是政治学研究与党史党建学研究的完美结合，此次出版的新著应该是将二者有机统一的一次可贵尝试。当然，这是一项浩大工程，绝不可能一蹴而就，而是需要政治学界和党史党建学界的共同努力，日积月累，久久为功。倘若如此，则未来可期。

如此想望着、期盼着。

是为序。

复旦大学国际关系与公共事务学院教授

政治学系系主任

上海市政治学会会长

2023 年 7 月

导　言

中国正处于一个经济社会迅速变迁的新时代。2011 年，中国城镇人口数量达到 6.91 亿，城镇化率达到了 51.27%，人口城镇化率超过 50%。这是中国社会结构的一个历史性变化，表明中国已经结束了以乡村型社会为主体的时代，开始进入到以城市型社会为主体的新的城市时代。[1] 国家统计局的数据显示，2021 年我国城镇常住人口为 91425 万人，城镇化率达到 64.7%。与此同时，随着我国经济结构不断调整，第三产业比重不断增加，越来越多的经济社会要素集聚到城市商务楼宇当中。作为一个经济空间，楼宇已经成为这个伟大转型时代飞速发展生动而有力的注脚；而作为一个社会空间，楼宇犹如"竖起来的社区"，成为大量新经济社会要素的集聚地。

一、让党员无论在哪里都能找到组织找到家

上海是楼宇经济重镇。在上海的中心城区，一幢幢拔地而起的商务楼宇，成为这个现代化国际大都市最为显著的标志之一。可以说，

[1] 魏后凯等：《中国迈向城市时代的绿色繁荣之路》，载于潘家华、魏后凯：《中国城市发展报告：迈向城市时代的绿色繁荣》（城市蓝皮书：中国城市发展报告 NO.5），社会科学文献出版社 2012 年版。

自改革开放以来，上海正在迎来一个“楼宇时代”。在此背景下，上海的社会结构以及市民的需求、思想观念和组织方式也悄然发生了一系列深刻的变革，“新社会空间”和“新社会人群”的特征日益凸显。“新社会空间”方面，单一形态的“单位体制”逐步解体，社会组织形式日益多样化，“两新”组织、商区、园区、楼宇等新的社会空间单元不断涌现。“新社会人群”方面，“体制人”转变为“社会人”，出现人口流动化、关系陌生化、需求中产化、组织信息化等一系列深刻变迁。这两方面的变化，使得当前上海城市基层党建面临许多新情况、新问题。

在这个变革的浪潮中，商务楼宇成为“新社会空间”的代表和“新社会人群”的集聚地。商务楼宇的大量出现，宏观背景在于改革开放以来，随着市场经济不断发展，城市化率不断提高，城市基层社会的空间形态也因此发生巨大变化，商务楼宇中聚集了大量新经济组织和新社会组织，以及高学历、高收入的楼宇工作人群。由此，成为与单位和居住社区不同的“新社会空间”。这种新的社会形态给原有的依托于单位空间和居住空间建立的城市基层党组织体系带来巨大冲击，基层党组织对城市新社会空间的覆盖、组织、吸纳与引领能力受到极大挑战，其中也隐含着巨大的执政风险与治理风险。

中国共产党是中国社会的组织中轴，党的基层组织则是我们党与社会联结的触角和关键点，是创新和加强社会治理的发动机与压舱石。正是通过广泛建立在企业、农村、机关、学校、科研院所、街道社区、社会组织等基层治理单元中的基层党组织，中国共产党同中国社会之间紧密的有机联系得以发生。基层党组织既是宣传党的主张、贯彻党的决定、确保党的路线方针政策和决策部署贯彻落实的基础，又是领导基层治理、团结动员群众、推动改革发展的坚强战斗堡垒。然而，在楼宇时代来临的大背景下，城市基层党建出现了不少缝隙和盲点，加强楼宇党建存在组织难覆盖、场所难建立、活动难开展、作用难发挥等问题，一些基层党组织弱化、虚化、边缘化问题日渐突出。这些问题极大降低了基层党组织在人民群众中的存在感、凝聚力、动员力和认同度，从而不利于党执政根基的稳固。城市时代和楼宇时代的来临，表面上是物质财富的迅速积累和社会形态的快速变迁，而在更为根本层面上，则意味着曾经十分紧密的国家社会关系出现了“裂痕”，一个仍在持续壮大的新社会空间——商务楼宇空间以及其中的新经济组织和新社会组织——同现有的基层党组织体系发生脱离。中国共产党基层党组织体系和国家治理体系一定程度上“失去”了对楼宇新社会空间的覆盖。

“单位制”曾经被认为是中国社会主义社会在城镇地区最具特色的组织制度，[1]单位不仅承担着突出的经济与政治功能，也履行着重要的社会功能。在“街居制”和“单位制”的基础上，中国共产党得以建立起“横向到边，纵向到底”的基层组织体系，从而实现对社会空间和社会成员的全面覆盖与有效整合。[2]在城市化发展和经济转型的共同作用下，我国城市社会空间出现明显的分化和重组，其突出表现就在于单位制的不断解体和新社会空间的不断生长。这造成我国城市中出现大量游离于基层政党组织体系之外的新社会空间，其中尤以商务楼宇最为典型。这些与基层政党组织体系“脱嵌”的新社会空

[1] 李路路:《“单位制”的变迁与研究》,《吉林大学社会科学学报》2013 年第 1 期。
[2] 郭圣莉:《城市社会重构与国家政权建设》，天津人民出版社 2006 年版。

间，成为基层党建和社会治理的“飞地”与“盲点”，给政党组织力建设带来一定困难，并给执政党的社会基础及基层社会的稳定有序带来不利影响。在楼宇等城市新社会空间中，基层党建和组织力建设的关键问题是政党如何通过基层组织设置和活动方式创新，从而“进入”社会并进行社会整合与社会动员。正如习近平总书记 2018 年 11 月 6 日在上海陆家嘴金融城党群服务中心考察城市楼宇党建时所说：“随着经济成分和就业方式越来越多样化，在新经济组织、新社会组织就业的党员越来越多，要做好其中的党员教育管理工作，引导他们积极发挥作用。基层党建既要发扬优良传统，又要与时俱进，不断适应新形势，拓宽基层党建的领域，做到党员工作生活在哪里、党组织就覆盖到哪里，让党员无论在哪里都能找到组织找到家。”[1] 因此，加强商务楼宇党建创新，是执政党基层组织体系必然要进行的深刻的适应性变迁，其根本目的在于“弥合”楼宇这个交界地带，在新空间中重建紧密的政党-社会关系。

二、深刻把握楼宇党建的内在规律

中国共产党作为中国政治的领导核心与中国社会的组织轴心，其同基层社会和人民群众的紧密联系是其保持生命力和战斗力的基础。因此，中国共产党的组织力，不仅意指党组织自身的组织能力，本质上是指各级党组织特别是基层党组织对人民群众和各类经济社会主体

[1]《习近平：上海要勇挑最重担子啃最难啃骨头》，《解放日报》2018 年 11 月 8 日。

的组织能力。这一点无论是革命战争年代，还是改革发展年代，都是指导中国共产党自身建设的一条根本思路和原则。

（一）从“功能”出发扩大基层党组织的覆盖面

基层党建既要发扬优良传统，又要与时俱进，不断适应新形势，拓宽基层党建的领域，做到党员工作生活在哪里、党组织就覆盖到哪里，让党员无论在哪里都能找到组织找到家。然而，既然组织力建设的根本在于增强党的群众组织力，那么楼宇党建创新就不能局限于楼宇党组织的自身建设，不能满足于对楼宇中的党员进行服务、教育和管理，而应当落实到基层党组织和党员对群众的服务、引领、号召和组织。因此，楼宇党建不能局限于组织嵌入的机械覆盖，而是要落脚于基于社会整合的功能覆盖。对于如何才能增强党对群众的组织能力，中国共产党在历史上就已经有较为丰富和深刻的认识。如 1934 年 1 月 27 日，毛泽东在《关心群众生活，注意工作方法》一文中提出：“一切群众的实际生活问题，都是我们应当注意的问题。假如我们对这些问题注意了，解决了、满足了群众的需要，我们就真正成了群众生活的组织者，群众就会真正围绕在我们的周围，热烈地拥护我们。”[1] 中国共产党向来以人民的需要为奋斗目标，向来懂得满足了人民的需要，解决了人民的问题，人民就会跟党走。因此，在理念上，组织力建设的要旨不在于“党想要什么”，而在于“群众想要什么”，只有具备了这样的换位思考能力，楼宇党建才能真正起到团结

[1]《毛泽东选集》第一卷，人民出版社 1991 年版，第 137 页。

带领群众的作用。随着经济成分和就业方式越来越多样化，在新经济组织、新社会组织就业的党员越来越多，要做好其中的党员教育管理工作，引导他们积极发挥作用。

新时代的城市基层党建，必须创新组织设置方式和活动方式，增强基层党组织对新社会空间的组织覆盖和工作覆盖，使新社会空间和基层党组织体系建立起牢固的政治联系、组织联系和情感联系，厚植党的执政基础。党的十八大以来，习近平总书记多次强调，要主动适应城市群体结构和社会组织架构的变化，推进基层党建工作创新。党的十九大报告指出，加强基层组织建设，要以提升组织力为重点，推进党的基层组织设置和活动方式创新，扩大基层党组织覆盖面，着力解决一些基层党组织弱化、虚化、边缘化问题。党的二十大报告进一步指出，增强党组织政治功能和组织功能。坚持大抓基层的鲜明导向，抓党建促乡村振兴，加强城市社区党建工作，推进以党建引领基层治理，持续整顿软弱涣散的基层党组织，把基层党组织建设成为有效实现党的领导的坚强战斗堡垒。[1] 可见，城市基层党建困境的本质是“组织力困境”。组织力建设的根本在于，创新基层党组织的设置方式和活动方式，重建国家与社会关系，增强党对群众的服务、领导、动员与号召能力。

正如习近平总书记 2018 年 11 月在上海中心大厦考察楼宇党建时明确指出，我们在有党员的各类企业里建立党组织，目的是为企业的党员提供管理和服务，团结凝聚员工遵纪守法，遵守企业规章制度，发挥党员先锋模范作用。这也有利于企业加强管理，有利于推动企业

[1] 习近平：《论党的自我革命》，党建读物出版社 2023 年版，第 4 页。

健康发展。基层党组织是打造共建共治共享社会治理格局的主体性力量，党建引领不仅契合了党的执政能力建设的政治逻辑，同时也是补足社会治理短板进而形成共建共治共享社会治理格局的实现路径。在新时代，党建引领应该围绕社会主要矛盾的变化，发挥好党建引领的倡导作用、整合作用和协调作用，在打造共建共治共享社会治理格局过程中，不断地为人民对美好生活的追求创造良善的社会环境和制度环境。[1] 楼宇党建的推进可以使各级党委政府的有关政策在“两新”组织得到落实落地，加强员工之间、企业之间的互动和交流，是促进城市社会和谐的重要引擎和重要基础。因此，楼宇党建的理想形态应当是，通过阵地建设、组织建设、制度建设、项目建设等将楼宇内跨单位、跨行业、跨系统的党员和企业或其他组织联结起来，在对新社会空间进行政治覆盖、政治激发、政治吸纳的基础上，依靠具有中国特色的党建引领和政治保障机制，促进楼宇经济又好又快地发展，实现楼宇空间的善治。在方法上，楼宇党建应当是资源统筹、协调各方、多元参与、党建与治理相结合的“整体性党建”。与街道社区党建相比，楼宇党建让城市基层党建的内涵和外延都有极大丰富和拓展。加强城市基层党建，要坚持以人民为中心的发展思想，为完善城市治理体系、增强城市治理能力、提高人民群众生活服务，为走出一条中国特色城市发展道路服务，让人民群众在城市里生活得更方便、更舒心、更美好，这样才能使人民群众更加自觉地热爱党、跟党走。

[1] 叶敏:《新时代党建引领社会治理格局的实现路径》,《湖南师范大学社会科学学报》2018 年第 4 期。

（二）从“社区”属性理解楼宇党建形态创新

第一，理解楼宇的社区属性。商务楼宇是各类经济社会组织和各类工作群体结合而成的共同体，某种意义上，一幢楼宇就是一个“竖起来的社区”。它与以居民区为载体的生活社区、网络空间中基于趣缘、业缘和地缘而形成的网络社区，共同构成了上海这座超大型城市的三种主要社区形态。楼宇社区、网络社区、生活社区，是上海加强基层党建、创新基层社会治理的关键所在。楼宇社区与网络社区、生活社区最大的不同在于以下几点：第一，楼宇社区成员具有高度的流动性。这为提升社区联结密度和频率、提高社区温度带来了较大的难度。第二，楼宇社区是一个青年化社区、楼宇工作人群化社区。青年社区与楼宇工作人群社区对党建、治理和服务都有特殊的要求。在年龄这个维度上，楼宇社区与生活社区形成了较为鲜明的反差。第三，楼宇社区是一个高度的职业化空间。由此导致了楼宇内的各种主体难以有充分的休闲时间参与楼宇社区的建设。第四，楼宇社区具有较高的人群聚集密度和组织聚集密度。从空间属性的角度来说，它高度集约化的特点与网络社区中的扩展性、生活社区较为宽松的物理属性形成了较大的反差。总之，楼宇社区的高流动性、楼宇工作人群化和青年化特征、职业化特征以及空间上的集约化特征，决定了楼宇社区中的党建、治理和服务均带有自身的特殊属性，楼宇党建必须创新党建形态。

第二，理解楼宇党建的内在特征。那么，我们如何从理论上界定楼宇党建呢？我们认为，楼宇党建就是通过阵地建设、组织建设、制度建设、项目建设等将楼宇内跨单位、跨行业、跨系统的党员和企业或其他组织联结起来，在对新社会空间进行政治覆盖、政治激发、政治吸纳的基础上，依靠具有中国特色的党建引领和政治保障促进楼宇经济又好又快地发展和楼宇空间的善治。楼宇空间之新体现在以下五个方面：（1）新物权空间，（2）新经济空间，（3）新活动空间，（4）新服务空间，（5）新治理空间。所谓新物权空间就是指楼宇具有明确的产权属性。所以，受制于物权逻辑的约束，要想在楼宇内开辟新的党建空间和公共空间，难度就比较大。所谓新经济空间，就是指楼宇经济是支撑上海经济发展的重要力量。所谓新活动空间就是指楼宇工作人群和青年每天几乎有一半时间是在楼宇内度过的。其职业时间决定了楼宇是其家庭和居住地之外最为重要的活动空间。所谓新服务空间就是楼宇内的工作人群对服务是有特殊需求的。如何开发和填补这一服务空间，满足楼宇工作人群群体和职业群体的需求，是楼宇党建成功的前提之所在。所谓新治理空间指的是楼宇不是独立于社会治理体系之外的封闭空间，更不是与周边环境相隔绝的世外桃源，而是社会治理体系的一部分。例如楼宇内部的安全管理、物业管理、公共空间管理，楼宇外面的安全管理等，都是要被纳入基层社会公共管理、公共服务、公共安全这三重治理体系之中的。

第三，理解楼宇党建的功能价值。那么，在新时代，楼宇社区对于基层党建和基层治理意味着什么呢？我们认为，楼宇社区是（1）新服务平台，（2）新政治支点，（3）新执政基础，（4）新联结机制。所谓新服务平台就是指楼宇社区是基层政府和楼宇管委会服务楼宇工作人群和职业群体的重要空间。所谓新政治支点，就是指楼宇社区是基层政府撬动楼宇社区治理的重要空间。特别是依靠与楼宇工作人群需求相匹配的服务项目，可以快速撬动楼宇社区的治理。所谓新政治基础，就是指楼宇社区是我们党联结、影响和团结青年群体、楼宇工作人群的重要阵地。所谓新联结空间，就是指可以通过一系列公益项目的设计，推动楼宇社区与生活社区、网络社区形成有效的联动，从而推进楼宇与楼组、园区与生活社区、网络社区的相互嵌入和整体发展。

因此，楼宇社区党建自然有其特殊的原则。经过长期的调研和总结，我们提出商务楼宇党建的基本原则是：（1）嵌入性，（2）联动性，（3）文化性，（4）整体性。尤其整体性原则至关重要。新社会空间中的党建应当是融合各类要素并整体推进的“大党建”，而不能是条线各自为政、区块独立分割的“小党建”。党建与社会治理必须整合资源，形成合力，相互促进与强化。同西方权力分立模式下的分权制衡式政府不同，我国政府是一个在中国共产党的统一领导下的整体性政府，政府的各个职能与条块都接受并体现党的领导。各个条块之间虽职能有所区分，但党建要求和党建效果不能区分，党建的总体效果取决于各板块和条线党建效果的加总和共振。而且这一整体性原则还具有较强的辐射和扩展功能。这主要体现在：（1）区域化党建、居民区党建、“两新”组织党建“三建”融合，（2）党建和工青妇等群团建设“多建”融合，（3）基层党建、安商留商与社会服务融合，（4）党建实体阵地建设与党建人才建设融合，（5）组织覆盖、工作覆盖和保障服务覆盖三融合。

三、本书的基本结构和主要内容

楼宇党建有着深远的理论和实践价值。我们主要关注以下三个问题：在城市商务楼宇这一新社会空间中，通过党组织的嵌入和党建功能的发挥，一种新的职业政治能否形成？一种新的关联政治能否形成？一种新的治理结构能否形成？上海商务楼宇党建有着20余年的完整发展历程，其中的丰富经验为我们提供了广阔的想象空间、理论空间和治理空间。

在此背景下，本书聚焦上海商务楼宇党建的历史沿革和典型经验，特别是注重通过若干商务楼宇党建创新的具体案例，总结提炼商务楼宇党建的创新模式与内在规律。本书设计从“纵横交错”“点面结合”的角度展开研究。所谓“纵横交错”，“纵”的方面就是以上海商务楼宇党建发展的时间轴为主线，梳理总结各历史时期不同的楼宇党建创新模式；“横”的方面就是对相关的横向经验进行归纳、总结、比较，丰富各种创新模式的内涵。所谓“点面结合”则表现在，我们对于不同时期的每一种创新模式，都通过典型案例研究加以解析，同时对于面上其他经验加以兼顾。总体而言，20余年来，上海商务楼宇党建创新的发展存在不均衡性。早期更多表现为“点上开花”，一些重点区域、重点楼宇就某一重点方面率先展开相关探索，并形成典型经验。如浦东新区嘉兴大厦探索“支部建在楼上”，静安区中华大厦探索服务资源整合，浦东新区阳光驿站探索设立党建空间站点等。而新时代以来特别是2018年习近平总书记考察上海中心大厦楼宇党建以后，上海商务楼宇党建则迎来“遍地开花”的时期，而且各类实践表现出很强的综合态势。因此，我们对于早期创新模式的总结更多基于对典型案例的分析，而对于近年来的“遍地开花”态势，则着重在“总结与展望”部分进行总括性梳理。

本书是2019年上海市哲学社会科学基金项目《上海加强商务楼

宇党的建设创新模式研究》(项目编号：2019BDS002)的最终成果。获得立项后，课题组针对上海商务楼宇党建创新开展了大量调研，收集了若干资料，特别是收集其中较为典型的案例经验的相关材料。课题组共针对浦东新区潍坊新村街道、陆家嘴街道，黄浦区南京东路街道、淮海中路街道，徐汇区徐家汇街道、虹梅街道，静安区南京西路街道、静安寺街道，虹口区北外滩街道，长宁区若干街道等开展实地调研。据不完全统计，课题组成员共走访楼宇20余栋，召开座谈会近30场，深度访谈50余人，发放调研问卷若干。在此基础上，课题组完成了调研报告并进一步撰写成本书。除导言外，本书共分为七章，第一章“新时代加强超大城市商务楼宇党建的使命与任务”为时代背景，第二章“社会空间变迁与楼宇党建发展”为理论基础，含导言在内，这三块内容可以视为本书的总论部分。第三章至第六章分别从“组织嵌入”“服务凝聚”“治理创新”“功能拓展”等四个方面总结上海商务楼宇党建的四种典型模式。第七章为“总结与展望”。

简单来看，自世纪之交以来，上海在全国率先开展商务楼宇党建创新，我们对于楼宇党建内在规律的认识不断深化，相关实践不断丰富发展，已经取得了长足的进展，其做法和内涵是不断迭代升级的。以20世纪90年代末浦东新区潍坊新村街道嘉兴大厦的“支部建在楼上”为起点，上海商务楼宇党建走过了20余年的历程。从时间轴的前进过程来看，不同的历史时期，上海商务楼宇党建创新具有较为明显的特色，我们将之概括为从“1.0版”到“3.0版”的迭变，每个阶段的楼宇党建都有其较为突出的时代特色和着力重点。例如，“1.0版”侧重于组织建设，可以概括为“党务为本”；“2.0版”侧重于服务传递，可以概括为“服务为重”，“3.0版”侧重于引领治理，可以概括为“治理为魂”。[1]在此基础上，笔者同长宁区委组织部于2019年开展合作，探索“楼宇党建优化区域营商环境”的相关研究。由此，形成了“功能拓展”的楼宇党建“4.0版”。此后，这一经验迅速扩散到黄浦区、静安区、虹口区、普陀区等创新实践之中。楼宇党建“4.0版”的概念也得到广泛的认可与应用。

因此，我们认为，这样四个阶段，也构成不同历史时期上海商务楼宇党建的四种主要模式。当然，这四种模式之间并非彼此完全区隔，而是一个“你中有我，我中有你”的关系。因此，与其说这是四种并行的模式，不如说这是四种不断迭代升级的模式。其迭代升级，也并非党建方式的简单替代，而是党建内涵的不断丰富发展。因此，可以说上海商务楼宇党建模式创新是一种“历程迭代式的模式创新”或者说“内涵扩展式的模式创新”。

横向来看，上海各区以及区内不同街镇，由于经济社会结构和发展阶段存在差异，因此对于楼宇党建的重视程度也不完全一致。总体而言，上海中心城区由于楼宇经济比重较大，对于楼宇党建的重视程度和投入力度也更加突出。同时，在楼宇党建创新模式的扩散过程中，虽然各区及各街镇会有意凸显自身特色，并且会根据自身资源禀赋采取一些差异化的楼宇党建形式。但总体而言，“建组织”“送服务”“做治理”“强功能”的核心内涵贯穿始终。我们发现，横向上，并不存在独一无二的或者说垄断性的楼宇党建创新模式，这些内涵在许多不同的案例中都不同程度地存在。因此，“建组织”“送服务”“做

[1] 汪仲启：《“中国第一高楼”上的这种党建形式，为何吸引了习近平的关注？》，《解放日报》2018年11月13日。

治理”“强功能”等模式区分，更多体现为一种时代意义和分析性意义。

因此本书提出，上海商务楼宇党建创新存在“建组织”“送服务”“做治理”“强功能”等四种模式，这反映出20余年来上海商务楼宇创新四个明显的发展阶段，以及四个不同时期具有时代特征的楼宇党建主要着力点。但是，这并不意味着我们以上述四中模式对上海商务楼宇创新实践进行总结是没有意义的。一方面，这给予我们一种认识上海商务楼宇创新经验的分析性工具；另一方面，商务楼宇党建创新行动者，也据此有了更加清晰的指导思想和行动路径。我们欣喜地发现，自2018年笔者在《解放日报》率先提出上海商务楼宇党建1.0—3.0版本以来，这一迭代划分的方法及其迭代模式的内涵已经得到许多方面的广泛认同。在此基础上，多个地区的组织部门开展了有针对性的楼宇党建创新行动，很多创新行动者在此基础上正在践行楼宇党建创新“4.0版”的概念。[1]这些现象充分说明，本书对于上海商务楼宇党建创新模式的研究是具有一定的现实性、科学性和指导性的。

中国的政治逻辑决定，加强基层党组织建设和提升基层社会治理是一个问题的两个方面。基层党组织建设既是基层社会治理的重要维度，也是后者真正推进与落实的最大动力来源、政治保障和组织保障。习近平总书记强调，“基层党组织是贯彻落实党中央决策部署的‘最后一公里’，不能出现‘断头路’，要坚持大抓基层的鲜明导

［1］如《工人日报》2021年6月2日，《宣传基层党建的“微窗口”，服务企业员工的“微平台”，党员干部学习的“微课堂”》一文提出“4.0版楼宇党建的‘破圈’”；《文汇报》2022年6月18日发文提出，《楼宇党建迈入“善治理”4.0版本，经济发展高地更是党建高地——“百亿楼”党建样本，激发强劲生产力丰沛治理力》；等等。

向，持续整顿软弱涣散基层党组织，有效实现党的组织和党的工作全覆盖，抓紧补齐基层党组织领导基层治理的各种短板，把各领域基层党组织建设成为实现党的领导的坚强战斗堡垒”。[1] 党的二十大报告指出，畅通和规范群众诉求表达、利益协调、权益保障通道，完善网格化管理、精细化服务、信息化支撑的基层治理平台，健全城乡社区治理体系，及时把矛盾纠纷化解在基层、化解在萌芽状态；建设人人有责、人人尽责、人人享有的社会治理共同体。这其中的每一方面都离不开基层党组织建设的有力支撑。通过推进党的基层组织设置和活动方式创新，加强基层党组织带头人队伍建设，能够有效扩大基层党组织覆盖面，消除党的领导在基层的“缝隙”和“盲点”，着力解决一些基层党组织弱化、虚化、边缘化问题。通过扩大党内基层民主，推进党务公开，畅通党员参与党内事务、监督党的组织和干部、向上级党组织提出意见和建议的渠道，能够有效充实党的民主基础，扩大党领导社会的信息来源，增强决策的民主性和科学性。通过坚持“三会一课”制度，增强党员教育管理针对性和有效性，稳妥有序开展不合格党员组织处置工作，能够有效提升党的纯洁性和先进性，有效增强党的凝聚力和战斗力。通过充分发挥基层党组织和广大党员组织群众、宣传群众、凝聚群众、服务群众的职责，引导广大党员发挥先锋模范作用，能够有效解决社会实际问题，满足群众需求，提升群众的获得感和幸福感。可以说，以加强基层党组织建设为突破口，就是抓住了提升和改善基层社会治理的“牛鼻子”。

推动上海商务楼宇党建创新的主体是上海各街镇。而街镇，也正

[1] 习近平：《论党的自我革命》，党建读物出版社 2023 年版，第 299 页。

是推动党建引领基层社会治理的基本单元。正因为如此，商务楼宇党建的工作也融入了党建引领基层治理的总体性格局之中。正是遵循这一逻辑，上海各区、各街镇借着“资源下沉，重心下移”的契机，不断加大对于楼宇党建的重视程度和投入力度，通过构筑实体化的党建阵地，配备专业化的党建力量，输送多元化的项目资源，整合多方面的党建能量，在楼宇社区中推行整体性党建，不断推动楼宇党建功能拓展、迭代升级，实现对新社会的空间重组和新人群的关联再造，从而不断提升城市基层治理水平，推动经济社会稳定有序发展，使人民群众的获得感和幸福感稳步提升，党组织的凝聚力和认同度不断增强。

第一章
新时代加强超大城市商务楼宇党建的使命与任务

党的十九大提出“中国特色社会主义进入新时代”的重大论断。新时代的形成，既涉及一系列党情世情国情的宏观变化，又反映出微观层面基层党建和社会治理出现了许多新的结构性特征。从社会形态的角度来说，这个新的历史方位，最重要的表现就在于中国已经由“乡村时代”走进“城市时代”。毫无疑问，这些新变化和新特征会引发一系列新需求、新问题，从而催生新的治理理念、治理目标、治理结构和治理模式。

第一节　新形态：农村中国走向城市中国

中国是一个历史悠久的农业国家。一百年前，中国的城市人口大约只有 5% 多一点，改革开放前夕，中国的城市人口也不到 20%。而改革开放以来，中国经历了人类历史上规模最大、速度最快的城镇化进程，以年均超一个百分点的惊人速度向“城市化”迈进。我国的常住人口城镇化率从1978年的近18%上升到2021年的近65%；城市常住人口从1.7亿增至超过9亿；城市数量从193个增加到663个。国际经验表明，城镇化率30%到70%是城镇化快速发展的阶段，超过50%就意味着从农业社会向城市社会转型。2010年前后，中国越过了城市化率的中位线，这意味着中国开始步入了一个全新的“城市时代”。根据全国第七次人口普查数据，2020年我国常住人口城镇化率达到63.89%，2010年第六次全国人口普查城镇化率不到50%（49.68%），2000年这一数字则为36.09%。这个伟大的转变，西方发达国家普遍用了两百余年才完成，而中国仅用三十多年就实现了。

在这一巨变过程中，不仅我国生产力和人民生活水平迅速提高，我国的社会结构和治理模式也发生了重大变化。步入“城市时代”，意味着中国进入了一个新的发展阶段，在观念、组织、治理等很多方面都将面临革命性的变化。中国共产党长期成长在农村，战斗在农村，有着丰富的农村工作经验，然而对于如何治理城市，我们党实际上在相当长一段时间内是十分陌生的。1949年3月，在西柏坡举行的中共七届二中全会上，毛泽东提出，农村包围城市这样一种历史时期已经完结了，新中国成立后党的工作重心应该由农村转移到城市，“必须要用极大的努力学会管理城市和建设城市”。[1]对于以往以农民为治理主体，缺乏管理和建设城市经验的中国共产党来说，“进城”完全是一个陌生的挑战。这也是为什么毛泽东将进城比喻为“赶考”

[1]《毛泽东选集》第4卷，人民出版社1991年版，第1427页。

的重要原因之一。

城市和农村，既是两个完全不同的物理空间和产业空间，也是有巨大差异的组织空间和治理空间，二者有着完全不同的经济社会结构、政治文化心理和治理需求。这对传统的党建模式、组织动员模式和治理模式都提出了重大挑战。站在国家治理现代化的意义上来看，这说明今天的基层党建和社会治理应当立足于新的历史方位，要充分认清治理结构和治理需求的变化，充分理解城市时代国家治理逻辑的历史性转变。

第二节 新结构：城市基层党建和社会治理的空间重组与关联再造

城市基层党建和社会治理必然要有一定的抓手，也就是必须落实到一定的治理单元中。在计划经济时代，城市的基本治理单元是“单位”，城市人群几乎全部被各类机关企事业单位“编织”起来。作为一个个治理单元的单位不仅具有政治领导、政治组织功能，还具有社会管理、社会服务和经济分配功能，从而成为基层党建和社会管理最主要的治理空间。单位空间具有边界清晰、关联度强的特点，其政治经济社会方面的功能和作用十分突出，具备很好的条件开展基层党建和社会管理工作。换而言之，在“单位制”时代，基层党建和社会治理问题并不突出。

随着计划经济被打破，单位作为统合社会的最主要治理单元的特殊地位不复存在。这一重大变迁过程，最突出的结果就是城市空间出现分化和重组，社会组织形态发生重组，社会治理单元进入一个空间多元化、边界模糊化、关联松软化、功能碎片化的新时期。学术界通常用“后单位时代”来概括市场经济发展起来之后的中国城市社会形态。在“后单位时代”，虽然单位依然是重要的治理空间单元，但“体制外”的非单位社会的比重显然在日益增大。在机关和国有企事业单位之外，大量的“两新”组织（新经济组织和新社会组织）涌现，在一些城市化发展水平较高的地区，“两新”组织的占比甚至高达 80% 以上。大量的社会人口脱离了单位空间，进入“两新”组织空间，传统单位制下的政治领导、政治组织、社会管理、社会服务和经济分配功能不再能够覆盖到主要社会面，因此一个体制外的巨大的“新社会空间”成为基层党建和政治社会化的崭新地带。

在国家与社会关系的层面，这意味着市场经济发展的一个附随后果，即在城市中出现了大量与国家“脱嵌”的社会领域。这无疑是党的执政基础的稳固、基层社会的稳定与整合、国家与社会关系的勾连与融合的重大课题。在城市时代的“新社会空间”中，基层党建和社会治理普遍面临一个国家如何“进入”并“整合”新社会空间的问题。任何治理活动要顺利进行，都必须依赖于一定的空间基础。作为开展治理活动的切入口，有效的空间治理结构应当具备清晰的外部边界和稳固的内部关联。单位就属于边界清晰、关联稳固的治理空间，所以作为治理单元是十分有效的。而城市新社会空间最大的问题就是边界碎片化和关联松散化，这使得城市新社会空间中的基层党建和社会治理无从下手。因此，在“后单位时代”，国家要进入新社会空间，必须开拓治理的新途径，通过对碎片化的治理空间进行重组，首先恢复治理单元的空间边界。

正是在空间重组的逻辑基础上，我们需要形成新的“社区”（community）概念，以社区替代单位作为现代城市中的有效治理空间。所谓社区是指具有相对清晰的物理空间边界，由各种要素聚集并形成关联的共同体。因此，“边界”和“关联”是新时代城市社区的基本属性。在这一意义上，单位、居民区、楼宇、园区等都可以说是社区的表现形式。但是，单位是一个以制度和职能为边界，以人为主体的治理空间，其内部要素相当稳定；而社区则是一个以行政区划为边界的多要素聚集的复杂治理空间，其内部要素是高度流动的。单位空间的稳定性在于其边界、要素及要素关联都相当稳定；而社区空间的稳定性则主要在于其物理属性——虽然空间内部的各类要素是高度流动的，但其物理边界是清晰稳固的。在碎片化的城市新社会空间形态下，社区成为“后单位时代”划分城市肌理、开展治理活动的基本空间单元；无论是经济组织、社会组织，还是公民个人，都必须落实到一定的社区之中。因此，城市社区也就成为改革和统摄城市治理的“牛鼻子”，成为国家进入社会的一个相对明确、稳定的“接口”。

因此从方法论角度而言，“两新”组织党建、园区党建、楼宇党建、区域化党建等，其实都是为了让基层党建获得一个确定的形式，都属于空间重组的具体表现。经过空间重组，基层治理获得了边界相对清晰的治理单元，但空间重组本身尚不足以造成空间内部要素之间的关联，即空间边界虽然形成，但空间内部各要素依然只是简单地呈现出某种“物理罗列”或“机械团结”的形态，而缺乏活跃的有机联系。这样的空间只是形式上具有了治理单元的外表，但在其中开展治理活动依然很困难。由于这些空间内部的要素之间依然是松散的，所以有效治理所必须的纵横两方面的“联动”都难以实现。这就特别需要我们进行第二步——在治理空间中进行内部要素间的“关联再造”。

传统中国的农村社区或单位社区通常都是熟人社会，熟人社会最大的特点是关联度强：人际关系比较稳定、情感因素比较浓厚、社会交往比较充分、社会资本比较丰厚。在这种广泛而深刻的人际关系网络中，社会动员十分便利，化解社区矛盾也很有利。但现代城市社区大多是陌生人社会，人员和要素之间虽然在物理上距离很近，但由于缺乏关联与沟通，在心理和情感上实际上很远。社区规划与建设，无论是居住区还是商业区，主要考虑的都是经济或行政属性，社会性和公共性不足。这就导致城市社区往往只是一个陌生人的“聚集地”，而难以称得上一个真正的“共同体”。如何实现城市社区中的关联再造，将其从陌生人的“聚集地”改造成具有较强关联度的“共同体”，正是城市基层党建和社会治理的最大难点和核心诉求。

城市社区的空间重组与关联再造还面临一个巨大的新变量，那就是信息化、大数据、互联网等新技术工具的应用。这使得社区的边界形式和关联方式都有了许多新的特征。目前，我国城市居民的网络普及率已达到近九成。但是，在社区层面，这种信息化是不均衡的，即个人信息化十分普遍，而社区信息化方兴未艾。虽然近年来诸如微信、社区通、市民云等各类网络信息工具已经在社区治理中得到应用，特别是在新冠肺炎疫情防控期间，信息工具发挥了相当大的作用。但总体而言，社区关联的建构如社区党建、社区动员、社区沟通、居民服务等主要还是沿用传统方式。与之相对，在一些由社会成员自发组织的兴趣小组中，信息化工具却得到广泛应用。在楼宇社区中，这种个体信息化的高度发达和治理信息化的高度缺乏尤其显著。

新技术工具是一把双刃剑，既给我们提供了极大的便利，也给我们的治理活动带来挑战。实践表明，新技术工具应用较好的社区，往往社区组织、社区动员和社区服务也做得比较好，社区的关联度会大大增强，成员对社区的归属感和认同感也更强；相应的，那里的社区工作者队伍往往也更加年轻化。

第三节　新需求：社会需求是创造关联的着力点和开展治理活动的出发点

习近平总书记指出，人民对美好生活的向往，就是我们的奋斗目标。中国共产党之所以能够得到人民群众的拥护，之所以执政根基稳固，根本原因在于始终同人民想在一起，干在一起，始终有效回应人民的需求。基层党建和社会治理应始终把握需求导向，将社会需求作为创造关联的着力点和开展治理活动的出发点。换言之，新时代的治国理政也必须体现“用户思维”。

在城市商务楼宇中，党建和治理活动的主体性“用户”是“两新”组织，特别是新经济组织以及社会成员。因此，基层党建和治理活动也应以他们的需求作为出发点和着力点。在市场经济环境下，体制外数量最多的新经济组织是各类企业。企业的根本需求是追求更高的经济效益和更多的利润，企业的最大精力也是投放在追求利润的领域。所以，对于党建和社会服务等政治化、社会化的要求，企业兴趣度不高是很正常的。因为很多企业会认为，党建和社会服务活动不仅无法增加利润，还会带来成本。市场经济改革后，按照市场原则建立起来的现代企业制度，维持着相当大的自主性。我们开展基层党建和社会治理，应当尊重市场经济的基本秩序，尊重并适应企业的经营自主权。否则，往往会事与愿违，不仅难以真正实现基层党建和社会治理创新的初衷，反而会引发新的矛盾。

但另一方面，企业经营活动和创造利润的过程是否就同基层党建和社会治理毫无关联呢？显然不是的。第一，企业需要一定的政治参与渠道。基层党组织可以更好地了解并反馈企业的需求和困难，作为政府决策和企业需求之间的利益代表和信息中介，影响政策制定和公共服务供给。第二，企业希望有更高效的市场管理和公共服务。基层党建和社会治理创新有可能创造一定的形式，对目前的市场管理和公共服务进行优化，比如推行“一站式服务”“服务上门”等。第三，企业有开展员工活动和企业团队文化建设等方面的需要。优质的基层党建和社会治理活动能创造高质量的社区公共文化生活，能提高社区文化品位，能增强社区的黏性，从而提升员工的融入感和认同感。丰富的社区文化生活对于企业员工具有吸引力和催化效果，有助于企业招募人才，留住人才。理论上，企业需求和基层党建与社会治理之间并非没有交集，但关键问题在于如何将二者在实践中形成对接。基层党建和社会治理完全可以不成为一个“自上而下”贯彻政治意图的过程，而是一个“上下互动”的双向交换过程。要做到这一点，必须改变我们的思维和行为惯性，学会用“用户思维”来考虑问题，创造出党建和营利双赢的模式，让企业享受到党建和社会治理的“价值”。

社会成员的需求是基层党建和社会治理另一个需要重点考虑的问题。随着我国居民的收入水平和受教育程度不断提高，我国社会主要矛盾已经转化为“人民日益增长的美好生活需要和不平衡不充分的发展之间的矛盾”。习近平总书记指出，“全党必须牢记，为什么人的问题，是检验一个政党、一个政权性质的试金石”。换句话说，真正为了人民就是要不断满足人民日益增长的美好生活需要。

“美好生活”是一个极具弹性的概念。习近平总书记在“7.26讲话”中指明了“美好生活”的八个方面，包括更好的教育、更稳定的工作、更满意的收入、更可靠的社会保障、更高水平的医疗卫生服务、更舒适的居住条件、更优美的环境、更丰富的精神文化生活。[1]其中的许多方面，同基层党建和社会治理是息息相关的。也就是说，基层党建和社会治理水平的高低，直接关系到人民群众的获得感与幸福感。实际上，人民群众所特别关注的议题，比如收入、住房、就业、安全、医疗、教育、物业、环保、养老等等，正是城市社区建设中进行利益和关系整合的关键点。这些议题也正是创造社会关联的着力点和开展治理活动的出发点。另外，人民对美好生活的需要不仅限于物质文化层面。除了上述物质文化层面的需要之外，美好生活需要还包括政治民主的发展、法治体系的完善、社会的安全稳定、公平正义的保障以及人与自然的和谐发展等方面。因此，对于人民群众这些方面的需求，基层党建和社会治理也应有所回应。楼宇“两新”组织的发展需求，以及楼宇党员员工的美好生活需求，正是我们开展楼宇党建的重要切入点和着力点。

[1] 习近平:《人民对美好生活的向往，就是我们的奋斗目标》(2012年11月15日)，《十八大以来重要文献选编》(上)，中央文献出版社2014年版，第70页。

第四节 新问题：国家“进入”新社会空间所面临的困难

当前我国一些地区存在“基层党组织弱化、虚化、边缘化问题”。党的组织无法有效进入新社会空间，无法很好地起到统领基层党员、领导基层社会的作用，党的组织覆盖和功能覆盖都出现了大量空白和缝隙，许多“两新”组织游离在党组织覆盖范围之外。之所以会出现这些问题，原因主要有以下几方面：

第一，基层党组织自身建设跟不上时代发展的步伐。党的基层组织建设弱化、虚化、边缘化，同基层党组织自身建设不力有很大关系。一些地方对于基层党组织建设重视不够，对于经济社会形态的变迁缺乏敏感，习惯于沿用传统的思维方式和工作方式对待新时期的基层党建工作，对基层党建人、财、物的投入都很不够，导致党的组织建设跟不上时代发展的步伐，使党组织在新社会空间中缺乏“存在感”，最终党组织对普通党员和基层社会的领导力逐步弱化。

第二，社会结构和形态变迁。社会结构和形态变迁是经济社会发展的客观结果，是不以人的意志为转移的大趋势。很长一段时间以来，党的组织体系都是内嵌于单位体制之中的，有单位的地方就有党组织。由于过去单位制几乎一统天下，因此单位能覆盖到的地方党组织就能覆盖到。而且，由于单位不仅仅是一个经济组织，而是包含有重要的政治、行政和社会功能。因此，在单位中实现了党的领导，几乎就在政治、经济、社会等各个领域实现了党的领导。而在“后单位制”时代，基层社会空间趋于碎片化，单位体制之外生长出大量新社会空间，这些新社会空间不仅天生就脱离于党的组织体系之外，而且其结构形态和运行逻辑也同党传统的组织体系和工作方式不一致。因此，新社会空间自诞生以来，天然就面临党建需要和党建难题，可以说新社会空间中的党建难题具有历史必然性。

第三，党建和治理人才队伍更替。“为政之要，惟在得人，用非其才，必难致治。”人才是治国理政的根本要素，习近平总书记指出，基层社会治理“核心是人”。基层党建和社区治理，事小而任重，并非一般人所能轻易胜任。社区中的基层工作者是基层社会中的精英分子与活跃分子，实际上可被称为“草根领袖”。这些“草根领袖”是增强社区关联度、提升社区温度的关键力量。活跃的社区领袖能够使居民走出家庭，走进公共空间，参与公共活动；使居民之间发生交往，建立联系，相互熟悉，培养感情，从而提升社区关联度。市场化改革过程中，一大批富有经验的国企员工改制分流，充实到基层社区，成为基层党建和社区治理的中坚力量。近年来，上海市通过建立职业化的基层社区工作者队伍，也基本解决了基层党建和治理人才队伍青黄不接的问题。而且，生活社区中的基层工作者大部分具有“在地化”的特征，对于社区情况较为熟悉并具有一定的情感基础。然而，楼宇长期以来被视为单纯的经济空间，组织体系和治理体系覆盖严重不足；而且楼宇本身也是人员高度流动的空间，人员“在地化”的程度较低，加之楼宇社区的概念方兴未艾，这使得目前我国楼宇党建和社会治理普遍面临人才空档。

第四，基层党建和社会治理存在割裂。一段时间以来，人们对于基层党建的理解比较片面，以为基层党建就是单纯的基层党组织建设，以为实现了基层党组织的社会面覆盖就是实现了党对基层社会的领导。在这种观念的影响下，基层党建单兵突进，片面追求形式上的组织建设和组织覆盖，忽略了基层党建的实质是要巩固与增强党对基层社会的凝聚力、影响力和领导力，一些地方的基层党建由于缺乏内容支撑而流于空洞化。这导致不仅党的基层组织建设困难重重，党对基层社会的领导力也未能随着投入的不断增加而实际增长。

第五，对于社会需求的回应不足。部分基层政府对于社会需求之所以回应不足，有可能是因为其疏于社会需求调查，盲目地开展活动，导致有投入无产出的情况；也有可能是因为其“唯上不唯下”，简单机械地执行上级要求，未能结合当地实际，甚至只是形式上敷衍上级要求，而对真正的治理问题遮遮掩掩或视而不见。在有关基层党建和社会治理的调研中，这两种情况都不鲜见。有的地方搞基层党建，只求在形式上完成上级的“覆盖率”要求，数据很漂亮而实际很惨淡。有的地方搞社会治理创新，从其他地方抄来一些做法，不经需求调查而一股脑提供所谓“服务菜单”，导致有名无实。这两种情况，轻则浪费资源，重则由于形式主义而有损于党和政府的形象。由于这类活动没有真正满足企业和居民的实际需求，以至于难以有效引领社会、凝聚人心。

第六，工作方法不适应时代需要。城市新社会空间中基层党建和社会治理的主要对象是新经济组织和新社会群体，他们的目标诉求、行动逻辑和思维方式同单位和农民、体制人显著不同。他们更加关心自身利益，更加具有主体意识，更加具有批判精神；他们更愿意参与和批评公共事务；他们更愿意在“线上”而不是“线下”活动。这些特点和变化，会给传统党建和社会治理思路带来颠覆性的影响。而一些地方还是惯用命令式、供给式工作方法来推进基层党建和社会治理活动。这就难以激起他们的兴趣，有时候甚至容易引起他们的反感。

第五节　新目标：实现对楼宇新社会空间的凝聚、整合与引领

党的二十大报告指出，党的十八大以来，国内外形势的新变化和实践新要求，迫切需要我们从理论和实践的结合上深入回答关系党和国家事业发展、党治国理政的一系列重大时代课题。我们党勇于进行理论探索和创新，以全新的视野深化对共产党执政规律、社会主义建设规律、人类社会发展规律的认识，取得重大理论创新成果，集中体现为习近平新时代中国特色社会主义思想。其中一条重要的经验，就是“坚持大抓基层的鲜明导向，抓党建促乡村振兴，加强城市社区党建工作，推进以党建引领基层治理，持续整顿软弱涣散基层党组织，把基层党组织建设成为有效实现党的领导的坚强战斗堡垒”。

对于基层政府来说，创新基层党建和社会治理的直接目标或许在于完成上级下达的“覆盖率”任务；或许在于回应社会需求，解决治理难题，维护社会和谐稳定繁荣。但对于执政党和国家来说，创新基层党建和社会治理的长远目标必然是为了“进入”楼宇这一新社会空间，并通过对这一空间的有效整合、领导与治理，实现国家与新社会空间对接与互嵌，从而推动经济社会发展并避免潜在的治理风险与合法性危机。因此，基层党建和社会治理创新不仅具有重要的经济社会功能，也具有很强的政治功能。

第一，总体目标是实现基层党建和社会治理体系与能力的现代化。高度重视基层组织建设是马克思主义政党的一个显著特征，根据不同历史时期的任务和要求，充分发挥基层组织的战斗堡垒作用，是我们党在长期的革命、建设与改革实践中不断取得胜利的一条宝贵经

验。在城市时代的新的历史阶段，我们应当把城市基层党建和社会治理作为固本强基工程的重要组成部分，走出一条在新社会空间中实现基层党建和社会治理体系与能力现代化的新路。党的十九大报告提出，要以提升组织力为重点，突出政治功能，把企业、农村、机关、学校、科研院所、街道社区、社会组织等基层党组织建设成为宣传党的主张、贯彻党的决定、领导基层治理、团结动员群众、推动改革发展的坚强战斗堡垒。要推进党的基层组织设置和活动方式创新，加强基层党组织带头人队伍建设，扩大基层党组织覆盖面，着力解决一些基层党组织弱化、虚化、边缘化问题。基层治理现代化要求我们提高社会治理社会化、法治化、智能化、专业化水平；加强社会治理制度建设，完善党委领导、政府负责、社会协同、公众参与、法治保障的社会治理体制，提高社会治理社会化、法治化、智能化、专业化水平；加强社区治理体系建设，推动社会治理重心向基层下移，发挥社会组织作用，实现政府治理和社会调节、居民自治良性互动。党的十九届五中全会报告指出，从 2020 年到 2035 年，基本建成社会主义现代化国家，现代社会治理格局基本形成，社会充满活力又和谐有序。这些要求与论断，无不着眼于打造一个现代化的基层党建和社会治理体系。

第二，打造强关联的现代城市社区。城市社区是城市要素的聚集地，是城市社会的基本单元，是居民群众的社会生活主要场所，是国家和社会的衔接地带。商务楼宇是十分重要的新社区形态。建设和谐稳定、活力有序的商务楼宇社区是促进经济社会发展、服务群众、凝聚人心的重要途径，是巩固党执政基础的根本保证。从治理的层面来说，社区的基本功能包括：一是凝聚人群，即营造社会关系将人们联结起来，提升社区温度；二是满足需求，即通过社会资本积累和多元化服务供给，有效回应社会成员的多样化需求；三是解决问题，即通过沟通协调，化解邻里冲突和社区矛盾；四是追求幸福，即带领社会成员共同创造更高质量的公共生活。我们应通过基层党建和社会治理创新，为基层社区注入凝结剂，将原本分割的社会要素关联起来，原本松散的社会成员凝聚起来；打入助推剂，将社区各类存量资源发动起来，运转起来；添加燃烧剂，将社会成员的参与热情点燃起来；增添润滑剂，将社区中的摩擦化解开来，充分发挥社区在凝聚人心、协调利益、沟通信息、配置资源等方面的作用，巩固城市基层政权，夯实党在基层社区的执政基础。

在这一过程中，楼宇党群工作者队伍承担着多重性使命。总体而言，他们应通过开展各方面工作，努力做到“三力”，即扩大党的影响力，提升基层党群组织的渗透力，凝聚企业职工群众的向心力；实现“三感”，即通过各类活动，首先提升基层党组织在群众中的存在感，继而提升人民群众的获得感，最终提升人民群众对党和国家的认同感。具体来讲，首先，需要做好党的群众工作。做好党的群众工作是党群工作者的根本职能。基层党群工作者是政党组织体系的末梢，是党和国家在社会中的代表，因此必须要有高超的群众工作技巧，强烈的群众工作热情；他们应当意识到自己不是在从事一般的工作，而是代表党和国家在进行群众工作，他们的工作成效，直接关系到党和国家的形象和民心向背。其次，需要充当政社衔接的纽带。如果说基层社区是国家和社会对接的“窗口”，那么基层党群工作人员就是政社衔接的“纽带”。他们一头连着群众，一头对接国家；他们从群众中来，到群众中去，生活工作在群众身边，熟悉群众所思所想，了解群众所需所求，及时为群众排忧解难。因此，他们虽然不一定具备国家公职人员的身份，但其主要职责是履行某种公共职务，负责贯彻落实党和政府的方针政策，是党和群众血肉联系的具体体现。再次，需要厚植楼宇社区发展的基础。从城市发展的实际情况来看，我们现在既不是邻里相守的“乡土中国”，也不是共同生活的“单位中国”，而是“彼此隔开”的“社区中国”。“乡土中国”的主体是农村，以血缘和地缘为基础，构成一个“熟人社会”，充满了熟悉的“人情”。“单位中国”的主体是单位，以业缘为基础，也大致构成一个“熟人社会”，彼此之间存在温情。但是在“社区中国”，特别是在楼宇等新型社区中，社会成员之间的关系几乎是没有任何情感基础的，所以社区通常是一个仅仅具有经济或居住功能的空间，公共属性不足，社会资本稀薄，社区温度不够。而基层党群工作人员恰恰是楼宇社区中的“活跃分子”，他们应当像“鲶鱼”一样，在原本陌生的楼宇组织和社会成员中间来回穿梭，将原本沉闷的社区搞成一潭活水，让社区热闹起来、运转起来，让社会成员联系起来、熟络起来。

第三，形成新时代城市新社会空间中基层党建和社会治理的新方法新模式。马克思曾说：“它（城市）使野蛮的和半开化的国家从属于文明的国家。”[1] 就像欧洲中世纪古老的谚语所说，“城市的空气使人自由”。[2] 城市不仅催生了组织化的产业工人，还孕育着新兴的工商业者、自由职业群体和形形色色的其他社会群体。这些新兴群体的政治理念、组织方式、社会交往与传统的“村民”大不一样。另外，

[1]《马克思恩格斯选集》第一卷，人民出版社 1995 年版，第 405 页。
[2] 亨利·皮雷纳：《中世纪的城市》，商务印书馆 2006 年版，第 122 页。

随着中国现代化进程的深入，传统权威不断消解，公民的自主性不断增强，外部价值观不断“嵌入”，由此必然带来整个社会的价值多元甚至价值无序。随着受教育水平的提高，人们自由表达的意愿、权利意识、批判精神都大大增强，他们不仅要求更加广泛深入的治理参与，甚至开始主动设定议题，形成日益强大的自我组织能力。这意味着传统的自上而下的工作方式显然难以满足现代城市社区治理的要求。现代城市居民更愿意在社区公共事务中表达自己的声音，甚至自主组织公共活动、自主设定公共议题。这要求我们去探索新时代城市新社会空间中基层党建和社会治理的新方法新模式。新社会空间中的基层党建和社区治理，不会再是令行禁止的“命令式党建”，而应当充分践行全过程人民民主重要理念，充分尊重群众的主体地位和首创精神；不能再是大包大揽的“包办式党建”或自上而下的“管制式治理”，而应当是强调“用户思维”和多方参与的“参与式党建”和“协同式治理”；不会是党建和治理单打独斗的“孤立式党建”“碎片式治理”，而必将是党建与治理相互融合的“整体性党建”“整体性治理”。正是在这一过程中，孕育出基层党建和社会治理的新模式新机制。而上述变迁过程和规律，也在商务楼宇这一“竖起来的社区”中体现得更加淋漓尽致。

第二章 社会空间变迁与楼宇党建发展

任何治理活动都必须基于一定的空间而展开。基层党建是国家治理体系的重要组成部分，作为政党治理的重要维度，随着基层社会空间结构的变化，党建体系和党建形态也必然随之发生变化。随着我国经济社会形态不断变化，我国城市基层社会空间发生了巨大的结构性变迁，党组织开展城市基层党建所依托的社会空间结构也发生了许多根本性的变化。城市商务楼宇是20世纪90年代末期随着我国城市化不断发展和经济形态不断转型而逐步形成的新社会空间，这一新型社会空间基本上脱离于既有的“单位制+街居制”体系之外，从而也成为城市基层党建体系的空白地带。1998年，中共中央组织部和国家民政部印发了《关于在社会团体中建立党组织有关问题的通知》，由此拉开非公组织党建的序幕。2019年5月，中共中央办公厅印发的《关于加强和改进城市基层党的建设工作的意见》明确提出，随着新型城镇化快速推进，城市社会结构、生产方式和组织形态深刻变化，人民对美好生活的需要日益增长，迫切要求充分发挥党的组织优势，不断提升党的城市工作水平。其中特别强调，要扩大新兴领域党建有效覆盖，而楼宇党建是新兴领域党建非常重要的板块。特别值得注意的是，上述《意见》正是立足于经济社会结构变迁的基础上，强调城市基层党建创新的思路与方向。因此，对于楼宇党建而言，准确认识其所依托的商务楼宇的空间属性，是有效创新并加强楼宇党建的基础和前提。

第一节　城市社会空间结构的变迁

改革开放以来，特别是20世纪90年代前后以来，我国城市化进程不断加快、市场经济不断发展、第三产业比重不断提升，楼宇经济逐渐成为我国许多城市的重要经济形态。在此基础上，一个聚集了大量新经济组织和新社会组织的新社会空间——城市商务楼宇正在形成，这一新社会空间也成为城市基层党建和社会治理创新的重要领域。

楼宇经济是第二次世界大战以后率先在发达国家城市中央商务区（CBD）的基础上逐渐形成的一种现代都市经济和空间形态。作为市场经济的“后发”国家，中国的城市商务楼宇产生较晚。直到20世纪80年代末深圳、上海相继以协商议标形式有偿出让城市国有土地使用权，商务楼宇才在我国主要城市相继零星出现。20世纪90年代以来，我国的楼宇经济开始从上海、深圳、北京等地“走向全国”，向广州、天津、杭州、南京、成都等经济发达城市发展。[1] 因此，

[1] 李耀东、李耀平、李毅：《方兴未艾的楼宇经济》，《经济问题探索》2004年第8期。

我国城市商务楼宇从诞生至今，已经走过20余年的历程。但在早期，由于楼宇的规模和体量不大，楼宇党建也就未能成为一个特别重要的问题。

因为土地资源的稀缺性，城市发展的平面空间受到制约，走向立体空间发展将是城市规模扩大和要素聚集的必然选择。加之当前城市经济结构正由空间需求型的第二产业转向空间集约型的第三产业，可以预见，空间利用和要素集聚最大化的楼宇经济将成为越来越多的城市的主导经济形态，[1]将有越来越多的新经济要素和新社会要素向楼宇聚集。

城市基层党建和社会治理必然要有一定的抓手，也就是必须落实到一定的治理单元中。在计划经济时代，城市的基本治理单元是“单位”以及依附于单元的社区（家属院），城市人群几乎全部被“编织”在各类机关企事业单位的空间结构之中。作为一个个治理单元的单位不仅具有政治领导、政治组织功能，还具有经济分配和社会管理、社会服务功能，从而成为基层党建和社会管理最主要的空间基础。单位空间具有权力依托、资源配置、边界清晰、关联度强的特点，具备很好的条件开展基层党建和社会管理工作。因此，依托单位制建立起来的城市基层党建和社会治理体系具有较高的效能。

随着单一的计划经济被打破，单位作为统合社会的最主要治理单元的特殊地位不复存在。这一重大变迁过程，最突出的结果就是城市基层社会空间出现分化和重组，新型社会空间涌现，伴随着社会关系出现熔断，城市基层社会进入一个空间多元化、边界模糊化、关联松

[1] 杨继瑞、杨博维：《都市核心区楼宇经济实态及其困境摆脱》，《改革》2012年第6期。

软化、功能碎片化的新时期。学术界通常用“后单位时代”来概括社会主义市场经济发展起来之后的中国城市社会形态。在“后单位时代”，虽然单位依然是重要的空间单元，但“体制外”的非单位社会空间的比重显然在日益增大。在机关和国有企事业单位之外，大量的“两新”组织（新经济组织和新社会组织）涌现，在一些城市化发展水平较高的地区，“两新”组织的占比甚至高达 80% 以上。大量人口脱离了单位空间，进入“两新”组织空间，传统单位制下正常进行的政治领导、政治组织、社会管理、社会服务和经济分配功能不再能够覆盖到这一社会面，一个体制外的巨大的“新社会空间”因此成为基层党建和政治社会化的空白地带。

当前，在一些城市，商务楼宇已经是一个十分重要的“产业集聚、企业汇聚、人才广聚”[1]的新社会空间。以上海陆家嘴金融城为例，2018 年楼宇经济全年税收首次突破千亿元大关，亿元税收楼宇突破 100 幢，其中 10 亿元税收楼宇达 24 幢左右；跨国公司总部突破 100 家。而到了 2023 年，陆家嘴金融城汇聚了四万多家企业，四百多个“两新”组织，一万多名党员，税收亿元楼更是达到了 113 幢，并且诞生了上海首幢税收百亿元楼。如何将城市基层党建的组织体系和功能体系有效覆盖到这一日益重要的新社会空间，进而对楼宇社区以及其中的新经济要素和新社会要素进行政治引领和组织吸纳，已经成为当前城市基层党建一个极为迫切的问题。

[1]《习近平在上海考察时强调　坚定改革开放再出发信心和决心　加快提升城市能级和核心竞争力》，新华网，http://www.xinhuanet.com/politics/2018-11/07/c_1123679389.htm。

第二节　空间结构变迁与楼宇党建困境

空间结构的变化意味着基层党建和基层治理所依托的基础和治理对象发生变化，这就要求二者必须随之进行“适应性变迁”。21 世纪以来，党中央高度重视城市基层党组织建设工作，采取了一系列有力措施加以推进，取得了显著成效。但是，一些地区党的基层组织建设依然存在弱化、虚化、边缘化等问题。这些问题在以城市商务楼宇为代表的新社会空间中尤为突出。据相关调研报告显示，当前我国城市楼宇党建存在组织难覆盖、场所难建立、活动难开展、作用难发挥等四大难题。[1] 城市基层社会空间结构和空间属性的变迁，是造成楼宇党建上述难题的根源。

一、困境一：空间结构变化与基层党组织体系“脱嵌”

党的十八大以来，中国特色社会主义进入新时代。新时代的形成，既涉及一系列党情世情国情的宏观变化，又反映出微观层面基层党建和社会治理出现了许多新的结构性特征。一方面，随着中国步入“城市时代”，城市基层党建和社会治理将成为未来党的建设和国家治理的主要场域；另一方面，由于城市形态和城市结构发生了一系列深刻变化，使得既有的城市基层党建体系同新生的社会结构之间不够匹配，从而引发许多新的党建和社会治理方面的需求和难题。这些新需

[1] 中组部组织二局调研组：《商务楼宇党建工作的新模式》，《光明日报》2010 年 11 月 11 日。

求和新难题，集中体现在城市新社会空间——商务楼宇之中。作为一个个“立起来的社区”，城市商务楼宇不仅聚集了大量“两新”组织，也汇聚了大量高学历、高收入的年轻群体，成为开展城市基层党建既不可忽视、又充满困难的一个重要领域。“两新”组织本身就是基层党建的薄弱环节，楼宇空间中的新社会群体也对传统的党建模式提出了挑战。

种种因素叠加，使得城市商务楼宇与基层党组织体系“脱嵌”，成为城市基层党建的“空白”和“盲点”。理论上讲，楼宇党建之所以成为一个重要的难题，根源在于随着经济和社会结构的发展变迁，原有的政党基层组织网络与社会之间的关系有所松动。[1]一方面，城市基层党组织建设滞后于社会经济结构的变迁，造成新的社会经济结构的多元性与既有的基层党组织建设的单一性之间的矛盾。另一方面，依托于单位空间开展党建，可以使党建获得重要的权力与资源的支持，而在“两新”组织和商务楼宇这样的非单位空间中开展党建，党建活动与党建对象的具体业务脱节，基层党组织难以为新经济主体带来经济实惠，一定程度上弱化了党组织的组织和动员能力，容易使之陷入“边缘化”。经济社会结构快速变迁和基层党组织适应性不足，带来楼宇党建四大难题：组织难覆盖，场所难建立，活动难开展，作用难发挥。这种困境的核心和根本是基层党组织的“组织力困境”，即政党基层组织体系同重要的经济社会组织和经济社会空间“脱节”，进而损失甚至失去对这些组织、空间和对象的代表、吸纳、凝聚、整

[1] 林尚立:《从基层组织中开掘党建资源》,《探索与争鸣》2002 年 7 月。

合与动员功能。

二、困境二：空间属性变化对党建逻辑的消解

党建空间的属性会极大影响党建的方式和效能。我们可以从“政治性”“职业性”“开放性”三个维度来衡量一个社会空间的属性，从而推断在其中开展党建的难度。一般而言，在政治性越强的空间中越容易开展党建活动，例如军队和机关单位，都属于政治性极强的空间，党建作为一种政治活动，得到单位权力、资源和文化的全面支持。反过来说，在楼宇、商品房居住区等“弱政治性”空间中开展党建活动则会困难重重。其次，在职业性越强的空间中开展党建活动难度越大。这是因为，高职业性空间往往以职业安排为根据，其时间和资源分配都以职业活动为中心。所以，在“两新”组织和商务楼宇这样的职业化空间中，党建对象的时间资源几乎要全部投入职业活动中，“没空参加党建活动”不是一种借口，而是一种真实情况。第三，在开放性越强的空间中开展党建活动难度越大。这是因为开放性空间的人员流动和人员自由度很强，党建对象面对社会机遇时具有更多的选择，党建要求对他们的约束力也相对软弱。我们将有利于开展党建活动的空间属性用（√）表示，不利于开展党建活动的空间属性用（×）表示，中间状态用（O）表示。一般来说，如果一个社会空间有两项以上为（√）则说明其容易开展党建活动，如果有两项以上为（×）则不利于开展党建活动。以单位、居民区、农村社区和商务楼宇为例，它们的空间属性分别为：

表 2-1　不同社会空间的属性与党建难易程度的关系

	单位	城市居民区	农村社区	商务楼宇
政治性	强（√）	弱（×）	弱（×）	弱（×）
职业性	一般（O）	弱（√）	弱（√）	强（×）
开放性	弱（√）	一般（O）	一般（O）	强（×）
难易程度	容易	一般	一般	很难

此前，我国大部分城市都只是把目光聚焦于楼宇的经济性质上，而没有注意到楼宇作为一种社会空间和党建空间的重要意义。实际上，城市商务楼宇已经成为重要的基层党建和社会治理空间，对其空间属性的认知将直接影响在其中开展党建和治理活动的形式和效能。楼宇社区被称为城市中的“垂直社区”，它是一个由聚集在一定区域范围内的企事业单位和利益相关者共同组成的经济社会共同体和“两新”组织集聚区域。[1] 作为一种新的社会空间，商务楼宇与传统的居住空间既有共性也有差异，而与单位空间则差异极大。单位空间具有“高政治性、低开放性”的特点，职业性一般。而楼宇社区则兼具“低政治性”“高职业性”和“高开放性”特点。（如表 2-1）楼宇社区“两高一低”的空间属性，使得在其中开展传统的党建活动困难重重，强制性、命令性的党建活动几乎无效，从而必须创新党建形式，增强党建活动对受众的吸引力。

三、困境三：开放性社会空间失去行政权力依托

对于如何破解楼宇社区中的组织力困境，一些研究者认为，应当

[1] 肖剑忠、陆文荣：《楼宇社区党建研究——以杭州市下城区为例》，《中州学刊》2017 年第 6 期。

强调政党功能的复归，特别是强化基层党组织的服务功能、社会支撑功能以及利益整合功能，以促使政党非权力性权威（影响力）的生成；[1]也有人提出，上级党组织应增加资源供给和支持，通过区域化党建和职业化党务干部的培养，强化党组织自身的活动能力。[2]然而，楼宇党建属于典型的“无行政权力依托”的党建模式，在楼宇社区中开展党建活动，缺乏必要的制度依托、资源支撑和政治动员。加之楼宇空间过度强调经济属性，“两新”组织和楼宇工作人群往往将党建视作额外“成本”，因此普遍缺乏参与的积极性与主动性。这就决定，楼宇党建必须进行党建模式的创新，以期能够在结构变化、资源缺失的情况下，在楼宇社区中建构起具有强大组织力的基层组织体系。

第三节　楼宇党建功能拓展与模式创新

为了应对上述困境，增强基层党组织对商务楼宇的覆盖和引领，从而强化党的执政社会基础，自20世纪末期以来，我国一些城市开始了楼宇党建的创新实践。以1999年上海市浦东新区嘉兴大厦“支部建在楼上”为起点，我国楼宇党建迄今已经经历了20余年的发展探索，大致可以分为四个发展阶段。

1.0阶段：回归与纽带（1999年至2004年）。这一阶段的主要表

[1] 乐基伟：《切入社会管理格局的新探索：楼宇党建实证研究》，上海三联书店2007年版。

[2] 刘宗洪：《无行政权力依托基层党组织的工作创新研究》，《探索》2010年第4期。

现形式是“建组织”——在各类符合条件的新经济组织、新社会组织中建立党组织，并借鉴“支部建在连上”的经验，以商务楼宇为单位建立楼宇党组织；其核心功能在于扩大基层党组织在楼宇中的覆盖面，增强基层党组织对新社会空间的凝聚与引领，同时让楼宇中的党员“找得到娘家”，因此我们可以将之概括为“回归与纽带”。其标志是上海浦东新区嘉兴大厦楼宇党组织的成立，其主要目的在于解决在市场转型条件下的组织嵌入问题。

楼宇党建的实践源自于“两新”组织党建。1998年，中共中央组织部和国家民政部印发了《关于在社会团体中建立党组织有关问题的通知》。由于非公组织主要位于城市楼宇之中，上海、北京、深圳等地据此开展非公组织党建，就此正式拉开了楼宇党建的帷幕。2000年，中组部印发《关于加强社会团体党的建设工作的意见》和《关于在个体和私营等非公有制经济组织中加强党的建设工作的意见（试行）》两份重要文件，“两新”组织党建进入快速发展期。1999年6月，上海浦东新区潍坊新村街道党工委在前期经验的基础上，在嘉兴大厦建立全国首个楼宇联合党支部。[1]潍坊新村街道的做法突破了单位党建的固有模式，首开“支部建在楼上”的楼宇党建新模式，可以视为楼宇党建正式确立的标志性事件。楼宇党建第一阶段的核心特征在于通过基层党组织设置创新，嵌入新经济组织、新社会组织和新社会空间。即通过在楼宇这一立体空间中创建新的基于物理空间的基层党组织，实现对楼宇新社会空间的党组织覆盖，并面向楼宇“两

[1] 李友梅：《静静的变革——上海浦东嘉兴大厦楼宇党建实证研究》，上海人民出版社2005年版，第1—3页。

新”组织及其党员职工开展党组织关系、党费收缴、党员宣传教育、党组织活动等基础性党务活动，以扩大基层党组织的组织覆盖面，并解决流动党员“找不到娘家”的困难。

“建组织”是开展楼宇党建的起点，也是楼宇党建的基本目标，因此将持续推进。2018 年 11 月 6 日，习近平总书记在考察陆家嘴金融城党建服务中心，了解城市楼宇党建工作情况时指出，随着经济成分和就业方式越来越多样化，在新经济组织、新社会组织就业的党员越来越多，要做好其中的党员教育管理工作，引导他们积极发挥作用。基层党建既要发扬优良传统，又要与时俱进，不断适应新形势，拓宽基层党建的领域，做到党员工作生活在哪里、党组织就覆盖到哪里，让党员无论在哪里都能找到组织找到家。[1]“建组织”已经成为当前城市楼宇党建需要普遍推行的工作。

2.0 阶段：基础与服务（2004 年至 2013 年）。这一时期楼宇党建的核心特征是在前期“建组织”“做党务”的基础上，拓展党建引领的辐射对象，通过开展各类党群服务活动以凝聚、引领党员群众，我们将之概括为“送服务”。其标志是 2004 年上海浦东新区“阳光驿站”的建立，主要目的在于增强基层党组织的凝聚力。在此之前，静安区静安寺街道于 2002 年 5 月起，相继在中华企业大厦、紫安大厦、延安饭店和美丽园大酒店 4 个商务楼中建立了党员服务点，这可以视为“送服务”的先声和楼宇党群站点的雏形。这一阶段的核心特征是透过资源和项目下沉，强化楼宇党建的基础条件，并在此基础上开展多种多样的党群服务，比如建立活动空间（各类党群服务站点）、

[1]《习近平：上海要勇挑最重担子啃最难啃骨头》，《解放日报》2018 年 11 月 8 日。

投入大量资源和项目、建立社区党群专职工作者队伍等，在这些基础性条件的基础上，强化对楼宇党员群众的服务。

之所以将 2004 年作为这一阶段的关键起始年份，一个重要原因在于，2004 年中组部提出“区域化党建”的概念，强调要立足于地方、以区域为板块展开党的建设。这一党建思路是对此前的“两新”党建的优化升级，开始跳出“建组织”的单一逻辑，体现出党建的“融合”“联通”效应，形成一种区域范围内各类组织共同参与的“大党建”格局。随着楼宇党组织体系日益完善，第一阶段以“建组织”为核心的楼宇党建模式的边际效应逐步降低。而且，在开展党组织建设的过程中，街道党工委逐步发现，单纯的党务活动，由于脱离具体的内容，很难对楼宇中的工作人群形成真正的吸引力。于是，一些基层党组织开始在党建活动中纳入党群服务的内容，以使党建活动获得必要的资源和内容支撑。这一时期，许多城市开始在楼宇中建立各种形式的楼宇党群服务中心，并投入了大量资源，开展各种形式的党群服务活动，一些地方开始探索建立专业化的社区党群工作者队伍。

3.0 阶段：治理与创新（2013 年至 2018 年）。这一阶段，在街道体制改革和职能转变、社会治理“资源下沉、重心下移”的大背景下，城市基层党建开始同社会治理紧密结合，楼宇党建也进入到以“做治理”为核心特征的 3.0 阶段。一方面，随着上海基层社会治理体制改革的推进，基层街镇拥有越来越丰富的治理资源，有能力对商务楼宇投入更多的人力物力开展党建工作。另一方面，与街道社区单位党建相比，城市新社会空间党建的内涵和外延，都有极大丰富和拓展，必须更加注重全面统筹，更加注重系统推进，更加注重开放融合，更加注重整体效应。更加重要的是，不能单纯就党建论党建，而应将党建同中心工作结合起来，同治理问题结合起来，同解决群众实际困难、满足群众实际需求结合起来。“加强城市基层党建，要坚持以人民为中心的发展思想，为完善城市治理体系、增强城市治理能力、提高人民群众生活治理服务，为走出一条中国特色城市发展道路服务，让人民群众在城市生活得更方便、更舒心、更美好，使人民群众更加自觉地热爱党、跟党走”。[1]

进入新时代，我们对基层党建和社会治理规律的认识进一步深化。2013 年，党的十八届三中全会提出“创新社会治理”的命题，各地纷纷开展党建引领的社会治理创新。人们认识到，党建引领和社会治理一体两面，脱离了党建引领的社会治理可能是盲目的，而脱离了社会治理的基层党建则可能是空洞的。在这一过程中，楼宇党建的功能和形态也进一步优化升级。随着对楼宇党建规律认识的逐步深入，楼宇党组织的治理引领功能逐步得到重视和开发。楼宇党建不再局限于对楼宇中经济社会组织的覆盖和对楼宇党员的管理教育，而是将社会公益、楼宇工作人群职业发展、垃圾分类、楼宇议事等治理因素结合起来，通过党建引领来促进楼宇善治。在前期探索和经验总结的基础上，3.0 版的楼宇党建，内涵和特征更加丰富：一是党建同治理紧密结合；二是注重多方联动、资源共享；三是注重群众主体地位，避免党组织包办和单方面组织动员。如此一来，楼宇基层党组织的枢纽核心功能进一步得到强化，凝聚力、组织力、引领力进一步凸显。

---

[1] 内部材料:《赵乐际在全国城市基层党建工作经验交流会上的讲话》，2017 年 7 月 18 日。

4.0 阶段：拓展与集成（2018 年至今）。2018 年 11 月 6 日，习近平总书记在上海考察期间，专门来到“中国第一高楼”上海中心大厦 22 层的陆家嘴金融城党建服务中心，考察陆家嘴金融贸易区综合党委建立的楼宇党建情况。此后，各区各街镇对于楼宇党建的重视程度前所未有地大大提升，上海商务楼宇党建创新进入一个百舸争流、遍地开花的新时期。这一时期的楼宇党建创新，主要表现为一种在前期经验积累基础上的功能拓展与系统集成，我们将之概括为“强功能”。功能拓展方面，着重表现在更加强调楼宇党建对于经济社会发展的助推功能，例如以长宁区为代表的相关经验通过强化楼宇党建，优化区域营商环境；以普陀区为代表的相关经验通过优化资源配置，凸显楼宇党建对于外卖人员等新社会群体的关怀照顾。

习近平总书记指出，城市商务楼宇是产业集聚、企业汇聚、人才广聚之地。随着经济成分和就业方式越来越多样化，在新经济组织、新社会组织就业的党员越来越多，要做好其中的党员教育管理工作，引导他们积极发挥作用。基层党建既要发扬优良传统，又要与时俱进，不断适应新形势，拓宽基层党建的领域，做到党员工作生活在哪里、党组织就覆盖到哪里，让党员无论在哪里都能找到组织找到家。这是对于城市商务楼宇党建功能与着力点的明确指导。在此基础上，上海商务楼宇党建实践更加注重组织嵌入、空间建设、资源配送、服务传递、治理优化、助推经济社会发展等全方位的系统集成。

当然，上述四个阶段只是在部分区域、部分楼宇有较为完整的表现。实践中，有的地方尚处于楼宇党建的第一阶段，有的已过渡到第二阶段，少量正开启第三阶段的探索，也有的相关实践直接进入第四个阶段，将前三个阶段的相关经验结合起来一体推进。实践表明，20

多年来楼宇党建的关键是通过基层党组织设置和活动方式创新，从而“嵌入”社会并获得社会整合与社会动员的能力。经过几个阶段的探索和发展，上海商务楼宇党建正在走出一条符合实际需求的新路子，取得了组织、空间、功能和形态方面的“四大突破”。

一是组织突破。组织建设、组织覆盖和组织创新是新时代楼宇党建的基本要求和基本内涵。我国的楼宇基层党组织建设，起步于20世纪90年代嘉兴大厦“支部建在楼上”的实践。然而，随着市场经济进一步发展，社会的流动性和开放性进一步提升，简单复制“支部建在楼上”的经验做法已无法有效应对新时代的党建需求。在此基础上，城市楼宇党建通过成立楼宇党委、片区党委、联合党支部、党建联席会议、党建顾问等多种形式，构建起一套网络化的基层党建组织体系，有效实现了党组织对新社会空间的全面覆盖。

二是空间突破。一定的空间是开展基层党建和社会治理活动的基础。由于商务楼宇过于强调经济功能，在规划建设过程中极少专门预留党建和社会治理所必需的公共空间，因此楼宇党建天然存在空间制约。实践中，各地为解决楼宇党建的空间问题，一方面运用行政化的方式，开展楼宇党群服务中心的标准化建设；另一方面通过市场化的方式，通过租赁、借用楼宇商圈的闲置物业，开展楼宇党建活动。此外，一些地方还尝试社会化的方式，运用“众筹思维”，在寸土寸金的商务楼宇内与企业、物业公司等开展党建联建、空间共享，极大地突破了楼宇党建的空间限制。

三是功能突破。20多年来，楼宇党建的功能不断演化升级，从最初以“建组织”为导向，到以“送服务”为导向，再到以“做治理”为导向，特别是2018年习近平总书记考察上海楼宇党建工作并作出重要指示以后，上海商务楼宇党建紧密结合安商稳商，开辟了以楼宇党建优化营商环境的新赛道，实现了楼宇党建的功能突破，为完善党建引领基层社会治理探索出新的方案。在这一过程中，全市各区街道（镇）党（工）委持续创新楼宇党建形式，楼宇基层党组织的作用，也日益由原先的资源和服务的提供者、组织和活动的主导者，逐渐转变为楼宇经济发展和社会治理的组织者、引领者。

四是形态突破。传统城市基层党建体系依托于单位制和街居制而建立，党建空间相对封闭，党建功能相对单一，主要聚焦于基层党组织自身建设和党员教育管理等方面；党建机制向度单一，强调自上而下的组织与动员，上下互动与左右协同不足；党建方式较为传统，基层党建活动多为线下的政治性活动。这种传统的党建形态很难适应楼宇党建的实际需要。楼宇和楼宇中的“两新”组织具有高度开放性，党员和职工楼宇工作人群的流动性、自主性大大增强，其职业向度和经济向度超越政治向度而成为主要特征。另一方面，楼宇基层党组织缺乏必要的权力和资源“嵌入”楼宇空间，党建的刚性要求缺乏支撑，而必须寻求建立一种柔性的权威机制。因此，楼宇党建形态走向开放性、服务性、参与性、社会化、网络化势在必然。

上海城市基层党建特别是楼宇党建是走在全国前列的，过去20多年来，上海楼宇党建完整经历了“建组织”-“送服务”-“做治理”-“强功能”四大发展阶段，而且在每一个阶段都涌现出一批较为典型的经验模式。解剖上海楼宇党建的发展历程与实践经验，对于透视中国改革开放以来政党-社会关系的变化来说，应是一个比较合适的窗口。

第三章
组织嵌入模式：增强基层党组织的“两个覆盖”

上海是楼宇党建的诞生地，“支部建在楼上”已经有20多年的历史。楼宇党建的实践探索发端于1999年6月上海市浦东新区潍坊新村街道嘉兴大厦的“支部建在楼上”模式。2002年上海市静安区静安寺街道在中华企业大厦以楼宇为单位，探索建立党组织和党员服务点的做法，埋下了“送服务”的伏笔。2002年12月新华社刊又介绍了上海以社区党建为载体，抓好“两新”组织党建工作的做法。此后，“支部建在楼上”模式逐步在全国推广，并扩散到北京、浙江、深圳、湖北、江苏等地。比如2008年底，按照社会建设大会和“1+4”文件精神，北京市启动商务楼宇党建工作站建设，建立商务楼宇管理服务长效机制，扩大党建工作和政府公共服务的覆盖面。2009年2月，北京市委组织部和市委社工委联合印发《关于开展社会领域党建试点工作的意见》，全面推进商务楼宇党建工作站（社会工作站）建设试点工作。杭州市西湖区和下城区则从2009年开始，以党的建设为核心，以经济发展为主体，以企业服务为载体的楼宇党建活动开展得有声有色。各地的这些实践在全国树立了点线面有机结合的楼宇党建标杆，从而大大推进了基层党建。然而，无论各地区楼宇党建的形式如何，其基本框架都能追溯到上海市浦东新区潍坊街道和静安寺街道的早期实践。因此理解嘉兴大厦和中华企业大厦楼宇党建的起源、形态与运作机制就成为研究楼宇党建的一个重要基础，之后随着时代的变迁，虽然楼宇党建在内容和形式上都有了很大的突破，但如果仔细考察，依然能够观察到这一时期楼宇党建的诸多特点。对这些特点的把握将有助于深化对整个楼宇党建方向性变革的理解，也有利于准确概括当下楼宇党建实践与早期的异同。基于这些原因，本章将重点探讨早期楼宇党建的起源与实践，以潍坊街道的嘉兴大厦和静安寺街道的中华企业大厦为例，详细揭示这一时期楼宇党建的时代背景、内容和形式，并在这一基础上从理论层面探讨楼宇党建对于政社关系的意义和作用。

第一节　楼宇党建的诞生

1999 年，位于浦东新区潍坊街道的一座名为“嘉兴大厦”的商业写字楼迎来了一场“静静的变革”。[1] 这座大厦从功能与外形上说，与浦东高速开发过程中所涌现出的其他商业写字楼相比并没什么特别

---

[1] 李友梅：《静静的变革——上海浦东嘉兴大厦楼宇党建实证研究》，上海人民出版社 2005 年版。

之处。然而在这一看似普通的大厦中却进行着一场不寻常的实践：这里首先拓展和深化了“支部建在连上”的原则，建立了上海乃至全国第一个不依托单位而是依托整座商务楼宇而组建的联合党支部，创造了“支部建在楼上”的新型党建方式。之所以说是“静静的变革”，是因为自1999年楼宇联合党支部组建以来的很长一段时期内，上级党组织从来没有将其作为一个政绩性的工程而予以修饰与包装，也没有给他们施加压力，而是给予他们充分自我探索的空间。但这一变革却意味着城市基层党建的一次重大创新，基层党组织第一次对新兴市场主体实现了组织覆盖，商务楼宇作为一个新的空间，为社会主义市场经济背景下基层党组织的创新提供了新的载体。嘉兴大厦的联合党支部由来自不同行业、不同所有制企业的18名党员构成，它不仅为大厦内党员正常开展组织活动提供了组织支持，还通过以服务为切入口的方式逐步在楼宇中开拓了组织活动的空间，在企业和员工中树立了威信。不仅如此，该联合支部通过创新与调整组织结构、开展充满激情与活力的组织生活以及实施一系列富有成效的措施把党组织的政治生活完全融入了充满异质性的楼宇社会中。在该支部成员的共同努力下，大厦内又组建了联合工会、联合团总支和读书会等组织，逐渐形成了以党组织为核心的楼宇党群生态体系。

嘉兴大厦的实践开启了楼宇党建以“建组织”为核心特征的1.0时代。而紧接着，位于中心城区的静安寺街道也推动了类似的改革，在中华企业大厦首先设立了党员服务点，开创了楼宇党建的新模式，并在不到一年半时间内，街道28幢商务楼中已有19幢楼宇实现了党的工作覆盖，包括在楼宇内条件成熟的企业建立独立党支部、建立楼宇联合党支部、设立楼宇党员服务点等。

今天回顾嘉兴大厦和中华企业大厦的实践所蕴含的意义是深刻的。其打破了依托企事业单位成立党组织并开展党建活动的传统形式，回应了社会主义市场经济时代下党组织引领社会建设的难题，为之后的楼宇党建的实践奠定了基本的框架。因此，只有理解这一时期楼宇党建的背景、特点以及其运作的机制，才能更好地认识楼宇党建之后的一系列变迁，进而从总体上把握楼宇党建的规律及其在整个国家治理现代化过程中的意义。

一、楼宇经济背后的党建真空

楼宇党建的出现并非偶然。市场经济的发展一方面使社会积累了大量的财富，但另一方面也对原有的社会秩序带来了巨大影响。单位制充当了国家和社会之间的“中介体系”，分散的个体和家户通过单位加以整合，并同国家组织体系、治理体系、资源分配体系等构成一个严密的整体性结构。改革开放后，很多个体从原有的单位制中脱离出来而嵌入到新的经济社会关系中，这一进程打碎了原有的社会结构。由于大量个体和家户离开了单位体系，单位无法再分担国家对于这一部分社会要素的组织和治理功能，国家不得不直接面对这一新的局面，这大大增加了国家的组织和治理成本，也让社会整合成为后单位体制时期一大重要的社会命题。进入 21 世纪以来，面对新的形势，中国共产党作为领导整个中国社会发展的执政党，必须不断探索新的社会整合路径，而基层党建这一传统法宝也在新经济社会条件下被“委以重任”。而上海的楼宇党建正是在上述大的时代转型背景下具有代表性的基层党建创新实践之一。

与此同时，改革开放进程中产生的新的社会问题促发了社会建设的实际需求。改革开放以后，随着社会主义市场经济的迅猛发展，国家综合实力和人民生活水平都有了很大的提升。然而，在经济高速发展的同时，诸多的社会矛盾和社会问题也开始逐渐显现。由于改革初期发展目标的定位，一段时期内，国家发展的首要目标是经济建设，社会建设的重要性相对有所忽视。

在上述两方面因素的共同作用下，这些结构性的矛盾对经济、政治和社会的进一步发展又产生了诸多不良影响。20 世纪 90 年代之后，“社会发展”与“建设和谐社会”逐渐成为中央关注的核心议题。中国共产党必然要在这一过程中发挥关键性的作用。执政党的角色赋予了其领导、动员社会中各种力量的能力，使其成为当代社会发展中联结各种力量的核心枢纽，党组织也因此具备了整合、协调复杂社会领域的总体性权威与必要的资源依托。

然而，在以政党体系的组织能量进行社会整合的进程中，各级党组织在各个工作领域中所遇到的新挑战也逐渐浮出水面。这主要表现在三个方面：首先，在传统意识形态体系话语发生变革的情况下，党组织如何保持自身的权威以及有效的动员能力？其次，党组织以何种方式有效协调各种社会力量之间的关系结构？这种协调所基于的权力来源与合法性基础如何建设？最后，在多元化观念相互影响的时代，党组织如何构建影响社会的核心价值体系？这三方面的难题相互交织，共同构成了如今我们在新社会空间中开展党建工作所面临的各种难题的底层逻辑。

这三方面的挑战在基层党支部的工作中体现得尤为明显。由于基层党组织处于整个党组织体系中的最低段，其所具备的可直接运用的资源也往往十分有限，再加上改革开放之后基层党组织往往不与行政职权和管辖权发生直接联系，从而使得上级党组织切入各种社会力量所采取的方法、策略与途径往往不能在基层发挥同等有效的作用。同时，随着社会主义市场经济的发展，基层社会的观念和运作都与计划经济时期相比发生了很大的变化，基层社会中人与组织、人与人之间的关系逐渐从紧密型转向松散型、从服务型转向自主型、从固定型转向流动型，导致依据传统组织体系而存在的基层党组织无法有效地实现对党员的整合。虽然一些地方很早就提出了“两新”组织的建设，但由于在具体制度层面缺乏整体性设计，党组织的工作目标与“两新”组织之间还缺乏一系列实实在在的利益结合点，这不仅影响了“两新”组织的建立，也使得众多存在的两新组织运作缺乏效率。

在上海，相关部门在1999年展开调查的过程中就发现，随着社会主义市场经济不断发展，面对大量私营企业的出现，基层党组织的建设也出现了一系列的问题。最典型的就是组织覆盖问题。比如当时全市4592家实际开业的外商和港澳台独资企业中，建立党组织的有435家，比例仅为9.5%；而97310家私营企业中，拥有党支部的只有833家，比例还不到1%。大量的非公企业，由于企业性质以及无党员或仅有个别党员的关系，无法建立基层党组织。即便存在足够数量的党员，传统的管理手段也显得不合时宜：由于第三产业和非公企业相对具有不稳定性，以及人员流动性较大和变化快的特点，因此党员的流动、分散状态也在加剧，在一定程度上造成了党员个体与组织的脱节。

而这些问题在当时上海的楼宇经济中也显得尤为明显。20世纪90年代以来，随着社会主义市场经济的发展，一种新的经济形态——楼宇经济在上海浦东悄然崛起。“楼宇经济”是一种“隐藏”在商用楼宇中的经济形态，是以商务楼为载体，通过开发、出租楼宇，引进各种企业，招商引资，从而引进税源，带动区域经济发展的一种经济形态。一项统计显示，一幢高级商务楼里众多公司所产生的经济效益与郊区 7.8 平方公里区域产生的经济效益相当，神奇地创造着巨额的财富。1988 年到 1996 年是“楼宇”市场启动和第一轮的发展期。1988 年 8 月 8 日，上海通过国际招标出让了第一幅土地——虹桥 26 号地块建造商务楼，“楼宇”市场由此启动。进入 90 年代以后，随着浦东的开发、开放，民营和中外合资等经济成分在经济结构中所占的比重日益上升，第三产业发展迅速，客观上对“楼宇”的需求大大增加，上海的“楼宇”市场进入了第一轮发展期。在不到一年时间中，上海就出现了虹桥地区、徐家汇地区、静安寺地区、陆家嘴地区等“楼宇”群聚的区域。从本质上讲，楼宇经济的出现和发展是上海发展第三产业以及服务产业的必然结果。自 20 世纪 90 年代以来，在对内对外开放的带动下，上海原来发展比较落后的商业、贸易、餐饮、娱乐等传统服务业和几近空白的金融保险、会展旅游、现代物流等现代服务业，均有了较快的发展。第三产业增加值占整个经济总量的比重从最初的 20% 左右上升到 2002 年底的 48% 左右。与其他经济形态相比，楼宇经济有着鲜明的特性：

首先，楼宇经济所提供的产品往往都是金融、服务、咨询、高科技等产品。一般来说，楼宇经济主要是在流动领域和服务性行业展开，传统的生产、制造等环节并不是楼宇经济的重点领域。因此，这也意味着楼宇经济的经营主体往往具有很强的流动性，与单位制时期的企业具有很大的差异。

其次，从企业的性质看，与我国当前的工业、制造业领域中国有资产占据优势的现状不同，在以商业、服务业为主要业务领域的楼宇经济中，私营企业和外资企业则占有极大的比例，导致楼宇经济具有很强的“体制外”的特征。

最后，从劳动者的特征上看，由于楼宇经济往往和知识经济紧密结合，因此其从业者大多具备较高的文化素养与知识水平。这也是楼宇经济区别于传统经济的一个重要标志，也使得楼宇经济具有非常强的活力。

作为一种新经济形态，楼宇经济在创造巨额财富的同时也形成了一种全新的社会空间。这个空间是由一些相互“隔离”的新经济组织所组成，组织中的成员通过由市场经济巩固起来的复杂的非人格化的劳动分工制度融合在一起。以营利为目的的新经济组织的性质决定了组织成员的主要身份是谋求经济利益的主体，在楼宇社会中，人们主要从事的是经济活动，奉行的原则是经济利益的最大化；组织与组织之间的依赖性较少，所以不存在科层化的体系。在日常生活中，成员以经济交往为主，市场规律是交往的最基本法则，不存在一个突出的权威中心，在政治关系方面表现为一种弱关系。所以，从总体的关系结构上分析，楼宇社会是一个低度整合的经济政治社会，人们之间是一种松散的“弱政治强经济”的关系。因此，如何在稀薄的公共关系的社会中维护社会成员的公共利益以及协调彼此出现的矛盾就成为当时的一个亟待解决的重要问题。

然而，传统的党建方式在面对这一快速变化的形势面前显得力不从心。一方面，新经济组织企业开开关关变化很大，企业中员工因工作变化等因素流动频繁，企业党员流动大，大大增加了管理难度。另一方面，市场经济环境下，企业经营条件复杂，很多企业的运作往往超出了单一的行政区域，这使得多个分布在不同区域的企业建立联合党支部变得极为困难。更为重要的是，虽然楼宇很多时候属于所在辖区管辖，可能会和街道、社区发生一些联系，但总的来说，楼宇社会中的经济组织所需要的资源在很大程度上是外在于街道的，并不像社区那样对街道有很强的依赖性。这三方面都使得楼宇社会成为一个行政和政治力量都很薄弱的真空地带。而正是在这一背景下，楼宇党建作为一种新的党建管理模式孕育而生。

二、支部建在楼上的创新实践

楼宇党建的诞生一方面是出于回应现实的需求，另一方面也是原有制度变迁的结果。由于社会历史的变迁和政党使命的变化，政党必须不断更新充实党的纲领，不断完善改进建党模式，以适应政治大局，激发组织活力，因此党建本身就具有动态变迁性。这两方面的特点形塑了不同时期中国共产党党建的路径，中国共产党成立以来，先后经历了新民主主义革命时期、社会主义革命与建设时期、改革开放和社会主义现代化建设时期、中国特色社会主义新时代等历史阶段，不同时期的党建一方面体现出极强的时代内涵，但同时每一时期的党建又存在着某种共性，体现出制度变迁过程中的路径依赖。

早在革命时期，毛泽东同志领导了著名的“三湾改编”，创造性地提出了“支部建在连上”的原则和制度，要求每一个连建设一个支部，每个班建设一个小组，认为其是提高红军战斗力的根本制度。有研究者认为，支部建在连上确立了一种特殊的组织管理体制，在一个连队中，日常的工作和日常的命令由连长下达，但是比较大的事情、最近一段时间的工作方式则由指导员作为党支部书记召开支部大会民主讨论解决，在充分地讨论后按照少数服从多数的原则通过决议，交由连长具体执行。在这样的结构中，军队的所有命令都是双向下达，既给指挥员提供了按照具体情况相机执行命令的空间，又对指挥员具有相当大的监督和约束，使其不能为所欲为，从而保障了红军在艰苦卓绝的环境下能够团结作战。

新中国成立以后，这套“支部建在连上”的组织原则又被贯彻到单位制中。作为一种组织形式，单位一方面是人们的工作场所，是人们谋生的地方；另一方面又是国家权力体系的一部分，是国家管理社会的工具。根据中共八大的党章规定，凡是党员超过一百人的基层组织，经过上一级委员会的决定，都可以举行代表大会或者党员大会，选举基层委员会。在基层委员会下面，按照生产、工作和住区单位设立若干个支部，支部由党员大会选举支部委员会。这一规定让基层党组织的形式更加明确具体化，也进一步贯彻和体现了“支部建在连上”的原则。

而到了市场经济时期，随着单位制的解体，原有依靠单位进行党建的管理方式已然无法适应新经济组织蓬勃发展的需要，因此必须对原有的党建方式进行创新。正是在这一背景下，潍坊街道的嘉兴大厦成立了第一个楼宇联合党支部。如果仔细考察这一过程就会发现，与人类社会中许许多多个第一一样，楼宇党支部的诞生也充满了曲折和艰辛。

潍坊新村街道地处浦东经济繁荣的陆家嘴金融贸易区，新经济组织非常多，从 1998 年到 2004 年短短六年的时间，街道税收就从

2000万元人民币增长到2亿元，其中，80%—90%来自非公有制经济。面对增长如此迅速、在街道占有重要位置的众多新经济组织，如何加强对这些企业的服务与引导，成为街道经济发展的一个紧迫问题。尤其在亚洲金融危机之后，由于经济大环境不景气，很多新经济组织需要街道的帮助，与此同时，当时新建的30多栋商业大楼的入住率却十分低。因此当时街道就希望通过某种形式将这些新经济组织引入商业大楼，为他们解决场地的同时提升大楼的出租率，街道党组织的帮助便成为了一条可供街道选择的方案。

除了来自新经济组织的需求，街道党工委也希望能够在基层党建方面有所突破和创新。作为上海市党建工作的先进单位，党建一直是潍坊街道的工作特色和亮点，因此历任书记对这一工作都十分重视。当时刚从梅园街道调到潍坊街道担任党工委书记的段慧霞对于新时期基层党建工作有着自己的一些思考和见解，上任领导在党建方面取得了突出成绩，如何能够在已经取得的成绩上有所突破和创新，而不仅仅是保持和停留在原有工作的成绩上，就成为了段慧霞上任之后的一个基本的思考方向。当时又恰逢基层管理体制发生快速变化的时期，原来作为区政府派出机构的街道管理服务职能十分有限，从1996年开始，上海行政管理体制和基层党的工作体系就发生了很大的变化，形成“两级政府、三级管理”的基层管理体系以后，街道的重要性日益突出。“新经济组织”的管理已经成为街道工作无法回避的重要问题，也必然会成为街道继已有的在职党员管理、社区党建联席会议制度和社区党校工作之后，进一步开展组织创新和制度创新的一个增长点。

与此同时，在社会变迁的大潮下，新经济组织中的流动党员也表达了强烈回归组织的意愿。段慧霞在履职后的第一件事情就是开展了关于新经济组织内部党员基本情况的调研，希望先对情况进行摸底，以此来判断在新经济组织内部建立党组织的条件是否成熟。在这一过程中，潍坊街道了解到有相当一部分民营企业的党员希望能够参加有组织的党员活动。当时，一些在嘉兴大厦的企业党员每次都不得不回原籍浙江嘉兴参加党组织生活，造成了很大的不便，因此希望街道能够想想办法来解决这一难题。这种需求也成为推动楼宇党支部出现的最初一股力量。

虽然有街道的支持，有民营企业一些党员的美好愿望，但在操作层面如何实现党组织对新经济组织的覆盖，则依然是一个难题。早期段慧霞曾想依照传统思路在新经济组织内部成立党支部，但面对新经济组织成员快速流动的特点，这些党组织往往成为了今天建立、明天解散的“开关支部”。“我们区有几个组织，我们四月去跟他们联系建立党支部，他们有 5 个党员，等到筹备工作差不多，领导的思想工作也做通了，2 个月后，发现只剩下 2 个党员了！我想这个流动太快了，老的办法可能不行了”，段慧霞说。

在 1998 年 11 月嘉兴大厦的招商会上，街道对嘉兴大厦的党员进行了初步的统计，共有 10 名党员分布在 6 个不同的企业里。为了避免单个企业党员人数少、流动大给建立和维持党支部带来的困难，组建以楼宇为单位的“楼宇联合党支部”就成为了街道、企业以及党员的一个共识。然而，早期街道党工委曾经想依托物业公司这一强有力的单位作为支部的支撑，希望物业的负责人来协调整个楼宇内新经济组织的党建工作，但在经历了两次碰壁之后，街道党工委就意识到联合党支部必须放弃依托物业的希望，要尝试其他的组织载体与组建方式。经过一番协商与探索，街道党工委最终决定不依托任何一家单位，而是依托整个大厦建立一个党组织，于是，在1999年6月成立了嘉兴大厦联合党支部，并在协商的基础上选举了汪敏君担任联合党支部的书记。

无独有偶，当时静安区静安寺街道也面临着相同的困境。虽然针对不断涌现的新经济组织和新社会组织，上海市提出了“两新”组织的建设目标，但“两新”组织存在大量党建工作的“空白点”。2002年，仅静安寺街道辖区就集聚了28幢商务楼、472家外企与民企。当时，这些企业多数未建党组织，党员员工普遍感觉缺少归属感。部分党员也存在党员意识和组织意识淡漠的问题，不敢亮党员身份、“口袋党员”的情况比比皆是。这些商务楼内许多积极上进的优秀青年想要入党，也找不到“门”。经过调查发现，这些楼宇工作人群大多具有一定的社会公益精神和责任意识，他们希望参加社会上各种有意义的活动，奉献一些资源，包括人力、财力和物力。他们对政治很感兴趣，希望了解政治，了解形势。他们不仅对国内外的政治形势感兴趣，就连党校在晚上业余时间举办党课学习，也都非常踊跃地自愿报名参加。但是，一些党员对本单位的党组织认同度不高，有的认为是形式，有的认为可有可无，特别是对读报式的组织生活不感兴趣。

面对上述情形，静安寺街道党工委经过调研排摸后认为：要高度重视商务楼的党员，商务楼的党建必须搞好，“两新”党建有效覆盖，可以从对党员个体的关爱和需求的满足起步。2002年4月10日，街道党工委组织了一场关于新经济组织党建话题的大讨论。时任静安寺街道综合党委副书记王长燕还记得，当时有楼宇党员提出建议，应当尽快创造条件组建非公有制企业党组织，使楼宇党员真正能够找到组织。当时的静安区委组织部相关负责人也认为，应当在商务楼宇中建立党组织、设立党员服务点，由此让党组织以新的方式融入社会、整合社会、主导社会，进而加强党的领导力、影响力和渗透力。

于是在2002年5月26日，上海市第一家商务楼宇党员服务点在中华企业大厦挂牌。王长燕说，那块红色的“党员服务点”铭牌在中华企业大厦底楼大厅显得格外醒目。“党员服务点”的服务对象是大楼内的党员以及入党积极分子，服务内容包括党建咨询、组织关系转接、组织生活开展、预备党员转正和党员培养发展、党课教育等，并提供政策咨询等服务。这一形式与嘉兴大厦相比，既有相同点，也有独特之处。相同点在于都是依托商务楼宇尝试进行党组织的覆盖，打破了传统依靠单位制建立党支部的党建形式，不同点在于，嘉兴大厦是直接在商务楼宇这个空间内成立了党支部，因此楼宇内的党员形成了组织化的形态，有利于上下级党组织的沟通与对接。而中华企业大厦则只是一个党员服务点，更多是面向党员个人服务，尚不能以组织形式开展组织生活，但是这也开启了“送服务”的先河。

从上面的经历不难看出，无论是嘉兴大厦的楼宇党支部，抑或是中华企业大厦的党员服务点，它们的诞生都是种种因素综合作用的结果。一方面，它们的出现具有偶然性，与当时基层的决策者的考量有着十分密切的关系。但这种偶然之中实际上也包含着必然，毫无疑问，随着社会主义市场经济的发展、单位制的解体，“支部建在连上”的组织原则必然得到深化和拓展，党的组织建设必然要在单位党建的基础上向前跨出一步。从楼宇党建的诞生过程来看，其并不是上级党组织完全规划出来的，也不能简单地说是完全不受上级组织影响的基层自发行为，而是在宏观的社会变迁中，各种微观力量互动和勾连的结果。

第二节　基层党组织体系的适应性变革

作为一种全新的党建形式，楼宇党支部在其结构、运作以及与其他组织的关系上表现出了与传统党组织的不同，而这也深刻影响了组织内部的人际关系以及楼宇的日常组织生活。一方面，上级党委留有空间的领导赋予了楼宇党组织局部性的主动空间，让楼宇党组织在日常生活中通过社会服务、协调与其他组织关系等手段来树立自身的合法性权威。另一方面，楼宇党支部通过灵活而又富有弹性的组织与活动方式推动了楼宇内部组织生活的活力与创新。这些都使得楼宇党建逐步适应了市场转型的需求，在实现党组织对新经济组织覆盖的同时，也很好地助力推动了新经济组织的发展。

一、提高基层党组织的积极性

嘉兴大厦成立第一个党支部时，恰逢浦东新区区委开展“三服务活动”之时，其中首要的是上级党组织为基层党组织服务，这一措施的全面推行在一定程度上改变了传统科层制之下党组织内部上下级之间的部队式结构。上级党组织对基层党组织一是放权，二是给资源，从而增加了基层党组织的行动自由，基层党组织也从原来的消极的执行者成为了一个积极的行动主体。作为楼宇支部的上级党组织，潍坊街道党工委在培育这一制度创新的典型时，突破了传统工作思维的禁锢并给予其特殊优待，这些支持包括：

第一，鼓励在新经济组织党建中的大胆创新。作为新生事物，“嘉兴大厦联合党支部”在工作中难免会出现各种问题，潍坊新村街道不拘泥于成规，鼓励进行大胆的创新。时任街道党工委领导回忆：“我们跟楼宇党支部负责人说，你们那里和居民区不一样，可以根据大厦里的实际情况贯彻执行。”街道党工委还以为，对于新经济组织的党支部组织生活，不一定非得与传统单位内的组织生活一样，如果党员工作实在太忙，一个季度过一次组织生活也是可以的。内容上也不一定要学习多少文件，关键是要使党员有一种凝聚力。嘉兴大厦联合党支部的其他创新，比如让积极分子也参与组织生活进行学习和旁听，吸纳积极分子参与各种活动等，都受到街道党委的包容和鼓励。

第二，为大厦党组织开展活动注入资源。新经济组织党支部要开展活动，少不了一些经费的支持。在经费方面，不同于传统做法，潍坊新村街道每年都将楼宇“两新”组织党员所交的党费全部返还。另外，街道党工委每年按党员人数补贴嘉兴大厦联合党支部活动经费共 1000 元。这一做法后来也得到了浦东新区区委组织部的认可，后来作为文件下发。此外，当时的街道党工委书记认为，与传统的约束型领导方式不同，大厦联合党支部强调淡化约束型领导，强化服务型领导。因此在街道组织党的活动的时候，往往都会注意吸收联合党支部的成员参加，让新经济组织党支部能够共享社区的政治、经济、社会、文化等活动资源。

第三，帮助楼宇党支部解决工作上的具体问题。对于嘉兴大厦联合党支部遇到的各种困难，街道各级部门都尽量给予解决。政府党政部门的大力支持，对于联合党支部的发展有着十分重要的意义。这种帮助是多方面的，既包括了外请专家讲课以及政策介绍，也包括对一些具体人员生活上的照顾。比如当时曾经有一个大厦的党员想了解上海的户籍政策，虽然街道主要领导工作很忙，但依然对这一问题十分重视，了解了相关政策并认真给予了答复。

上级的支持为楼宇党组织创造了更多的行动空间，使其在纷繁复杂的环境下可以具有较高的自我调适的能力，也延展了组织的边界。这首先就表现在组织的成员上，嘉兴大厦联合党支部建立的时候，只有三名党员。但作为第一个新社会空间的党支部，嘉兴大厦党支部很快就成为了众多流动党员寻找的归宿。一些流动党员主动或是在街道的介绍下找到这里，加入"联合党支部"。比如在成立没多久之后，当时有两名刚毕业的大学生预备党员就通过"联合党支部"解决了组织的挂靠问题。这两名大学生都非常优秀，在毕业前夕被发展成为预备党员，然后由于毕业以后都在民营企业工作，始终都没有办法找到挂靠的党组织对他们进行考察。正当他们迷茫的时候，新成立的嘉兴大厦联合党支部成为了他们的依靠，最后在 2000 年 12 月，他们经过一年的考察都成为了正式党员。

除了吸纳流动党员，嘉兴大厦联合党支部也十分注意对新鲜血液的吸收。在市场经济的大潮中，涌现了大量新经济组织的精英，如何吸纳这些精英并将它们推荐到相关的领导岗位，不仅关乎组织自身的发展，也影响着执政党的长期生存。在发展新党员这个问题上，大厦联合党支部一点都不敢马虎，在联合党支部书记看来，专业技能和工作业绩只能是入党的一个条件，并不是入党的全部条件，她更看重对党组织的真诚信仰以及思想品德和人格方面的优秀。因此，联合支部在发展党员的程序上十分严格，不仅要利用业余时间对申请入党人进行全方位的了解，以保证其政治上的可靠，还要经过非常正式的党校培训和学习、政审、考察、思想汇报和开座谈会，一切都要遵循严格的党章的规定。第一批在联合党支部入党的党员曹雪芳和王晨都属于这样的典型例子。

从联合党支部成立到1999年底，已经有5位优秀年轻人向联合党支部递交了申请书，最后经过一年的考察，联合党支部发展了曹雪芳和王晨两位年轻人作为预备党员。在联合党支部书记看来，曹雪芳和王晨都是属于业务能力精通同时政治素养过硬的优秀青年，都对党怀着真诚和热情。曹雪芳担任工会副主席的工作，能够花费大量时间为工会工作，对党的事业有着十分强烈的奉献精神。在日常生活和工作中，他们也都是具有优秀品格的人。在曹雪芳的入党考察会上，大家对曹雪芳的评价是这样的：“她担任工会副主席牺牲大量的时间，能够关心组织。她所在公司的一位老工程师先后中风两次，瘫在床上，腿也摔坏了一次，生活无法自理，没人能够照顾。小曹干脆将他接回去和家人一块照顾他。老工程师病好之后，公司全体员工都非常感动。与此同时，她还能孝顺公婆，像亲生女儿一样照顾公婆，在群众中影响很好。”

而另一位首批入党的党员王晨，则是一家有着50名员工，租用着700平方米商务楼的公司的副总。然而在王晨所在的这个较大规模的公司里，却没有党员，王晨是对工作异常负责，对同事的困难总是热心帮助的人。考虑到王晨的入党能够带动一批人，具有典型性、代表性和榜样性，对于在新经济组织中发展党员是有利的，因此支部书记首先考虑了王晨的入党申请。而她的用心也获得了回报，王晨的入党不但使这个拥有 50 人的较大规模的企业内实现了党员零的突破，也的确为公司其他职员树立了榜样，带动了一批转业军人增强了入党意愿。

总的来看，“嘉兴大厦联合党支部”不仅在新时期流动党员的挂靠和管理方面有比较成功的探索，而且对于大厦内的一些优秀青年产生了极大的吸引力，为大厦内乃至大厦外的优秀青年提供了舞台和空间。曹雪芳和王晨只是嘉兴大厦联合党支部发展党员的两个典型例子。事实上，自 1999 年底 5 名大厦青年向联合党支部递交了入党申请书之后，就不断有大厦内的年轻人找支部书记谈心，主动帮助联合党支部和联合工会做事，并通过各种方式向党组织表达了入党意愿。这些人不但在公司有着很好的成绩，与公司职员之间有着良好的关系，一般还具有为人忠诚、乐于奉献的品质。更为重要的是，他们的入党愿望没有任何的功利性，几乎都出自于对党组织的热爱。

无独有偶，虽然静安区的商务楼宇采取了党员服务点的方式来开展党建工作，但这种创新的形式在很大程度上也推动了商务楼宇党建活动的创新。2004 年静安区按照公开、公正、公平的原则，通过报刊、网络等媒体发布信息，首创在社会上公开招聘专职的“楼宇”党群工作者新形式（2005 年 6 月后，统称为社区专职党群工作者）。专职“楼宇”党务工作者的主要职责：一是向楼宇和“两新”组织宣传党的路线方针政策，了解和掌握“两新”组织成员思想动态，开展思想政治工作；二是了解和掌握楼宇入驻“两新”组织基本情况，筹建“楼宇”党员服务点和“楼宇”基层党组织，指导和协调“楼宇”党员服务点和“楼宇”基层党组织日常工作；三是发现、培养和考察入党积极分子，努力实现市委提出的三年内50人以上的非公企业有党员，100人以上的非公企业建立党组织的“双达标”要求；四是积极配合物业管理部门，协调沟通楼宇物业公司，做好“两新”组织党建工作和工、青、妇等群众工作，认真开展楼宇精神文明创建等活动。

街道对于这些专职的“楼宇”党群工作者，一方面在政治上加以关心、工作上加以指导，待遇上给予保证，另一方面也制定了科学评估和考核标准，采取契约化管理。这些楼宇工作者通过在党校的岗前培训后才正式上岗，要求他们走进“三扇门”，即走进商务楼宇的门、走进“两新”组织的门、走进党员心灵的门；发展和编织“三张党建网”，即社区工作垂直型党建网、商务楼宇指导型党建网、社会单位协调型党建网。

“楼宇”党建采取出资从社会上购买专职党群岗位，契约化管理党群工作人员的方式，不仅探索了一种新的党群工作人员的任用机制，更在于促使基层党群工作方式发生了新的变化：从行政化的工作方式转向社会化的工作方式。这主要体现在三个方面：

首先，打破了传统体制下党群工作人员与单位组织的行政关系和经济关系的纽带。传统体制下，本单位、本企业党组织的负责人肯定是本单位、本企业的员工之一，他和企业既有行政关系又有经济关系。而通过社会化招聘的“楼宇”党群工作者不是经济组织中的一名员工，与这些经济组织既没有行政关系又没有经济关系。“楼宇”党群工作者虽然存在不如传统体制下对企业情况了解深入的缺陷，但是也具有不受企业行政和经济关系制约的优点。

其次，党群干部从体制内选拔，被动接受组织安排转变为体制内和体制外共同参与选拔，成为人们自己主动的职业选择。在传统体制下，基层的党群工作者基本上来自体制内的选拔，来自组织的安排，而“楼宇”党群工作者是通过社会化方式来配置。参与应聘的许多人是长期从事过党群工作，热爱党群工作，但是又由于一定的原因离开了党群工作岗位的人员。他们不仅有一定的实践经验，特别是对党群工作有一定的思考，是社会中成熟的或潜在的党群人才。通过社会公开招聘，不仅吸纳了社会上的党群人才，同时也是应聘的人员一种主动的职业选择，他们把党群工作既作为一种谋生的职业，同时也作为自己奋斗的事业，他们不是以官员和领导者的身份，而是以职业的社会工作者的角色进入“楼宇”。

最后，基层党群工作者降低了对权力手段的依赖，工作方式从传统的行政命令、工作布置方式转向通过服务来凝聚党员和群众。行政化的工作方式是由科层制衍生出来的工作方式，下级权力来自上级的授予，下级工作来自上级的布置，采取行政指令的方式。而社会化的工作方式的权力来自社会和工作对象的认同，这种认同主要不是来自行政的权力，而是来自党群工作者自身的素质。工作方式必须通过服务，通过协商过程中的说服和指导，才能把党的主张转化为群众的要求和行动。

从上面的例子来看楼宇党支部的组织结构，就会发现其与传统党组织的差异。主要表现在楼宇党支部建立了与上下左右各级组织之间的新型关系，是一个处在网络组织结构中的“活性”接点。楼宇党组织这样一个网状组织体系的接点，除了具有行动的“活性”之外，还具有一个应对复杂、不确定环境的重要特性，即决策的“活性”。过去高度集中的科层化的党组织结构尽管在形式上无所不包、无所不能，却难以解决各种具体的治理问题。一元化、总体化和等级化的治理的无穷膨胀，排斥了丰富的、多样的和自主的治理技术，消解了基层组织进行主动创新实践的可能性，造成了真正的治理技术的贫乏，其结果是削弱了政党本身以及社会的行动能力。而楼宇党支部这种新的组织形态则能够最大程度地激发基层组织的“行动活性”和“决策活性”，进而创新党的组织体系。

二、党组织生活的“现代”转向

《中国共产党章程》明确规定：“每个党员，无论职务高低，都必须编入党的一个支部、小组或其他特定组织，参加党的组织生活，接受党内外群众监督。”“不允许有任何不参加党的组织生活、不接受党内外群众监督的特殊党员”。组织生活是党加强自身建设的重要机制，既具有宣传党的路线方针政策，坚定党员的理想信念的功能，又具有党员发表意见、表达利益、评议干部、监督组织的功能。这样，组织生活一方面成为党组织沟通党员的重要渠道，另一方面成为党员参与党的自身建设的重要舞台。去科层化的组织结构给予了行动主体更多创新实践的空间，楼宇的政治话语也慢慢向平等、民主和活泼的风格转化，而这又促进了组织生活进一步的丰富多彩。

对于商务楼宇“两新”党组织来说，过组织生活是一件需要克服重重困难的事情。首先，商务楼宇的党员绝大多数在民营企业工作，对于民营企业负责人来说，工作是第一位的，组织生活显然不能影响到企业的工作。因此，想寻找一个不影响大家工作的，所有党员都共同空闲的时间是非常的不容易。其次，党员大部分都分布在楼宇内各个新经济组织内，每个党员都有各自的单位，要想将这些松散型的党员群体聚合在一起，共同参加组织活动也并不容易。再次，有些党员所在单位相距很远，有的企业虽然注册在某街道辖区，但经营场所却不在这里；还有的企业以前在商务楼宇里，后来则离开了那里；遇到更多的情况还有党员所在单位临时派遣该党员去外地出差，等等。

但是，无论是嘉兴大厦联合党支部还是静安区商务楼宇的党员服务点，都成功地解决了党员活动的问题。凡是参加过嘉兴大厦联合党支部组织活动的人，都会为松散型新经济组织有这样的组织活动感到惊讶。嘉兴大厦联合党支部不但坚持每个月都组织一次组织生活，而且每次组织生活都精心策划，增强对党员的吸引力，这使得基层党员不管相距多远，都会惦念着组织活动，并尽量赶来参加这样一次组织活动。据支部书记介绍，有时候即使他们实在很忙，在上海的一个偏远角落，在浙江、江苏、厦门，甚至是在香港出差，也会及时请假。还有的党员所在的单位搬走了，尽管路途比较遥远，但他们还是不愿意把组织关系迁走。

楼宇的组织生活之所以能够具有这么强的吸引力，很大程度上源于其灵活机动而富有弹性的组织方式。在新经济组织内部建立的党支部，由于其特殊的环境和条件，组织活动方式和组织生活都发生了很多的变化。街道党工委对这样一种适应新环境的组织方式，表现了充分的理解和支持。街道主要领导认为："新经济组织的党建工作与其他单位的党建不能完全一样，因为面对的是企业老总、管理者，还有的是企业员工，他们的工作都很忙，如果像其他单位一样，一开会就开几个小时是不现实的。开会应讲求实效，尽量缩短时间，有时候学习形式也是多样的，比如考察中共一大会址，到嘉兴南湖参观。"出于对这个新生事物的呵护，段慧霞对于党支部的组织生活要求更为宽容，她曾经对嘉兴大厦联合党支部书记汪敏君说：“你们这个组织的凝聚力不在于开了多少大会，搞了多少活动，商务楼宇和我们对社区居民党建的要求是不一样的，组织生活一季度一次就可以算合格了。”但是，汪敏君的热情却十分高涨，她坚持每个月一次的组织生活。段慧霞一开始还对这一措施能否实现表示怀疑，但是经过了多年的时间，嘉兴大厦联合党支部不但坚持着一个月一次的组织生活，还能够不断地扩大和吸引新的成员。这其中很重要的原因在于嘉兴大厦联合党支部确实存在不同于传统单位制的组织生活，无论组织活动的时间、地点、参与者的范围，还是组织生活的形式和内容、会场的气氛等各个方面，都随着环境的变化而出现了很多变通，更为贴近每一个党员的实际情况。而静安区的商务楼宇党员服务点则以发展公共文化为突破口，以加大文化设施配置的投入、大力发展各种社区文化活动、鼓励人们组建更多的文化社团俱乐部等为工作抓手，在积极回应楼宇工作人群群体精神文化需求、提高生活质量、促进人的全面发展等方面，作出了积极的探索和实践。这些活动与传统的活动相比，都有一些新的特点，主要表现在几个方面：

首先，党组织活动采取了适应新经济组织特点的活动时间和地点。在传统单位制之下，党员大都属于同一单位，每个单位都有组织生活活动的固定场所和时间。但是，对于联合党支部这一在松散的新经济组织中间建立的党支部来说，则缺乏这样的条件。他们没有固定的党员活动场所和统一的活动时间；更何况，即使有了固定的活动场所和统一的活动时间，因为党员所在单位的变动和党员本身居住地的变动，以及企业工作的需要等原因，都会使这些固定下来的地点和时间面临环境变化的挑战而无法坚持下去。

鉴于此，嘉兴大厦联合党支部采取了更加灵活的办法，虽然党支部规定每个月25日下午是党员过组织生活的时间，但是，这个时间会根据党员临时出差的情况和工作繁忙的情况作相应的调整和改变。比如2004年2月25日的组织生活，就先是从25日暂定为23日，后来又提前到19日。原来组织生活定在下午，尽管党支部在大厦企业中拥有相当的影响力，很多党员所在企业负责人也积极支持党员的组织生活，但是，党的活动占用企业工作和员工上班的时间，显然是不合适的。党支部根据企业和公司的这些实际情况，决定以后的组织生活放到下班以后或者晚上举行。尽管是一个时间上小小的调整，却能够反映出这个基层党组织能够根据企业以及员工工作的实际情况，细致地安排、及时合理地调整自己的活动。从活动的地点上看，联合党支部每个月的组织生活地点也是不固定的，大部分时间他们会在支部书记的办公室过组织生活，有时候也会到某位党员老总的办公室过组织生活。有的时候，他们会在嘉兴大厦，但有的时候，他们的会场则会安排在风景宜人的森林公园、世纪公园，还会安排在一些环境轻松的咖啡馆等。

其次，组织生活在内容上更加丰富，更加贴近党员现实生活。尽管是政治活动，但汪敏君并没有完全按照传统的形式来安排组织生活，而是想办法在内容和方式上进行创新。比如2003年10月的组织活动，支部就组织党员到森林公园开展组织生活，在这一过程中让刚入党不久的年轻人与老党员一起神情庄严地高声宣读入党誓词，并在阳光初升的晨曦中组织大家一起高声朗诵《颂太阳》。每一次的组织生活，党支部都十分重视活动的内容选择，会尽可能将最新鲜的信息、党员最关心的事情安排为组织生活的主题内容，诸如企业和员工关心的政府关于税收的最新政策、社会保障政策等。党员对于这样的组织生活也显示出了浓厚的兴趣，每一次的组织生活都有新鲜而又丰富多彩的内容，志趣相投的党员，在没有任何利益、没有任何上下级关系的基础上，围绕一个大家共同感兴趣的主题畅所欲言，交流思想、心得和体会，对于每一个参与者来说，这确实是让他们异常珍惜的难得的机会。因此，每月一次的组织生活，也就成为嘉兴大厦联合党支部的党员们日常生活中一件铭记于心的事情。党员的普遍感觉就是“我们的组织生活丰富多彩”。

而静安区则是针对楼宇工作人群生活上的一些需求，举办有针对性的党务活动。比如针对“楼宇”众多男青年整天忙工作，找对象都有困难的现状，静安区南京西路街道团工委举办了“相约春季俱乐部”，区妇联组织了以“成就你我事业，感悟精彩人生”为主题的“Lily”（百合花）俱乐部，这些俱乐部一下子吸引了近百名楼宇工作人群青年参加。如今，“俱乐部”效应已扩展到区域外，“相约春季”发展为“相约四季”，成为服务、凝聚商务楼青年的新载体。

最后，党支部的组织生活之所以能够对党员有这么大的吸引力，除了灵活调整的时间和地点、轻松的环境、贴近党员现实生活的新鲜而内容丰富的主题外，还有一个非常重要的特点是，组织生活会上让党员们感到的宽松而浓厚的民主气氛。在这样的组织生活中，党员们可以针对自己感兴趣的话题畅所欲言，异常放松，没有压力。因为在这里，所有的党员都是平等的，只有为党支部工作的组织分工的不同，而没有职务上的上下级关系。

嘉兴大厦联合党支部书记汪敏君认为，畅所欲言地表达自己的思想是我们党大力提倡的优良传统。因此，对于党员在组织生活会上的任何意见，哪怕是针对她的刺耳言论，她都会虚心聆听。汪敏君非常在意和精心呵护着这样一种党员的民主权利，联合支部老党员叶总每次组织生活中都要向汪敏君“开炮”的。而汪敏君不但不会因老叶经常向她“开炮”不满，反而从内心感到高兴，她认为这是非常正常的，也是一种民主的体现。其实，老叶在日常生活中也非常支持汪敏君的工作。嘉兴大厦联合党支部的组织生活给段慧霞留下了深刻印象，并促使她反思了传统单位内的组织生活，甚至包括正式的国家机关内的组织生活，她认为嘉兴大厦联合党支部的宽松体制环境和民主氛围，是联合党支部如此具有激情与活力的重要原因。她说：“我参加了他们的组织生活五六次，每次对我都是一个教育。大家都能畅所欲言，对党内的问题都能发表自己的观点，都能结合自己经济工作中碰到的问题，从关心党，从党的发展角度谈自己的观点。”

楼宇支部内党员与党员之间没有直接的利益关系，所以在讨论时，包括对国家形势的看法，对整个经济形势的看法，都能敞开谈。他们之间没有上下级的直接利益关系，作为书记，汪敏君也能把大家的观点集中起来，然后再进行引导，把她所了解的、参加的党的讲座、党课的内容传递给他们，大家是坦诚相见的，民主的气氛相当浓。

段慧霞归纳出了嘉兴大厦联合党支部组织生活得以获得激情与活力的重要原因：其一，评估与组织生活相分离。在传统单位制下，政治生活与日常业务工作高度重合，因此业务工作中的科层体系也往往会以某种形式渗透到党的组织生活中，在组织生活的过程中，党员的行为、言语都会受到其上级领导的监督。而在联合党支部活动中，所有的党员都来自不同的单位，他们之间基本没有上下级关系，因此他们在发言、表达自己心声的过程中往往较为自由，这使得联合党支部召开的组织生活真正成为了党员交流与沟通的一个载体。其二，党的组织生活之所以能够过得如此丰富而有成效，很大程度上还归因于它能够将宏大政治叙事转化为生活化的语言。联合党支部的核心人员总会避免或尽可能的少使用口号式的宏大政治叙事方式来开展组织生活，而是尽可能地使用那些接近真实生活的话语来打动党员。这使得组织生活能够逐步回归到本原的党内生活，实实在在地发挥了党员之间沟通与联络的功能，同时组织也在倾听的同时，对党员的需求作出了有效回应。

三、党员的“娘家”与社会的纽带

从政治社会学角度看，党组织是嵌入社会的政治性组织。一方面，中国共产党作为执政党，将全体人民的意志汇聚成国家意志，其组织体系能够充分反映国家政权力量的意图。另一方面，中国共产党又具有社会性的特性，这种特性不仅表现在政党意志来自人民，而且作为执政党，其组织基础又是建立在基层社会之上的。由于基层党组织的特殊位置和组织特性，它在现代基层社会的治理结构中，拥有其他组织所不具备的独特优势。同时也要看到，作为执政党的基层组织，又不同于一般的社会组织。党的基层组织能够通过自身的组织体系，充分、准确且合法地反映和传递国家意志。在实际运作过程中，基层党组织是最能反映全社会和国家整体利益的组织资源。中国共产党的历史说明，党组织体系深入到社会基层的过程，也是社会组织化和国家、民族内聚的过程。因为，在中国社会能够体现国家对基层调控和引导的组织资源中，除了行政科层体制即政府体系之外，基层党组织是最重要的组织体系，党组织对构建基层社会的秩序具有重要的意义。

对于楼宇党组织来说，其建构基层社会秩序的策略表现在方方面面。首先体现在其通过服务满足了新经济组织的某些功能。相对于传统领域的党建工作，非公有制领域的党建工作从一开始就面临着“做什么”和“怎么做”这两个根本性的问题。很多地方在非公经济领域建立党组织出现“出生率”（指组建率）高，“成活率”（指有效发挥作用）低的问题。这里关键的问题还是：在非公有制经济领域这样一个相对陌生的、异质的环境中，基层党组织的行动空间如何开拓？事实上，政党组织的政治性从来就不是抽象的，中国共产党在革命战争年代就善于通过服务群众满足群众日常的需要来赢得人们对党的认同，从而成功实现其政治目标。

“领导就是服务”是邓小平深刻揭示领导本质的精辟之语。“服务”是由中国共产党的性质与时代责任决定的，“服务”的本质至少应包含三层意义：能影响和带动群众，能对事业开拓创新，能最大限度地满足群众的合理利益需求。

嘉兴大厦楼宇内的某企业，在最初来沪注册时遇到了麻烦。由于这家公司的名称和上海某著名证券公司名称一样，所以负责企业登记注册的工作人员提出，他们必须要改名才能注册。但是，这一企业长期以来都在使用这一名称，不能修改。为了名称的事，当时支部书记汪敏君帮他们咨询了很多地方，终于使这一问题得到解决。最终工作人员认识到，上海的那家公司是搞证券业的，而浙江来沪的这家公司是搞钢材的，虽然名称相同，但属于不同类行业。问题终于得到解决。1999 年 7 月，由于公司员工的疏漏，该公司错发了 8 吨的钢材，涉事员工也逃跑了。嘉兴大厦联合工会得知会员单位的这一情况，立即与潍坊街道和警方联系，及时追回了货物，为公司挽回了损失。

静安区商务楼宇的工会在党组织的领导下，也积极转变工作作风，从服务入手，赢得员工对工会的认同感和归属感。比如，“楼宇”工会在条件允许的商务大楼内设置“员工之家”，为员工提供一个活动、休息、倾诉的场所，并配备专人与员工谈心。对一些受条件限制的“楼宇”，就利用大楼内或附近的茶吧、棋牌室等，为工会会员单位定期、定时开展活动。开展每月讲座活动，举办各类专业讲座，是楼宇工作人群较喜欢的活动之一。工会经常邀请一些专业人士或政府政策部门的负责人，为员工开展心理辅导、医疗保健、证券分析、读书人生等讲座，提高员工综合素质，丰富员工业余文化生活。再比如，因地制宜地开展体育竞赛活动。在商务大楼外场地上举行如拔河、跳绳、投篮等小型、多样的活动，既满足年轻员工活泼好动的特性，又能增强企业团队精神，不仅是商务大楼中企业形象的一次展示，也更好地吸引了楼宇工作人群入会，提升工会会员的优越感和自豪感。可以说，楼宇党组织生存的意义就体现在服务之中。

《中国共产党章程》给非公有制企业党组织所设定的功能是：贯彻党的方针政策，引导和监督企业遵守国家的法律法规，领导工会、共青团等群众组织，团结凝聚职工，维护各方的合法权益，促进企业的健康发展。这一原则性要求，无疑是非公有制企业开展工作的根本指针。但在具体的执行中，如果机械地使用这些条文，就可能面临实践上的难题。比如，对企业的监督问题，在党组织在企业法人治理结构中地位没有制度化支撑的情况下，如果没有执行上的策略，不仅难以实现对企业的监督，党组织本身都可能在企业中被相对化乃至边缘化。嘉兴大厦楼宇党组织在履行其政治功能时则采取了策略性行为，选择了一个各方都能接受的工作切入口——服务，走出了一条服务——维护——引导——监督的执行路径，既巩固了自身，又拓展了功能。

除了通过服务实现对合法性的再生产，楼宇党支部在对复杂社会关系的把握和协调上发挥了十分重要的作用。对于非公有制企业来说，劳资关系是一种最基本的关系。一些大型的公司和企业，有着比较健全的工会组织和人事管理部门专门处理劳资关系。而对于入驻嘉兴大厦的一些中小企业来说，工会和其他人事部门根本不存在，劳资关系全凭双方自主协调，双方缺乏缓冲的机制，一旦发生纠纷往往形成正面的冲突。

在嘉兴大厦联合工会建立之初，支部书记一家一家地去说服企业参加工会组织，然而依然有很多的企业不愿意参加工会。但是，随着“联合工会”对改善企业人际关系、化解企业内部矛盾成功事例的不断出现，有越来越多的企业主动要求参加工会。

嘉兴大厦联合党支部和联合工会成立后不久，1999 年底，联合工会成功协调大厦内一家日资企业内的劳资纠纷，这是嘉兴大厦联合党支部能够在嘉兴大厦树立威信的一个转折事件。联合工会的一位成员回忆当时的情况说：

这家日资企业原来不在嘉兴大厦办公，注册地也不在浦东，是从其他地方迁到浦东来的。一开始，公司雇用了一批研究生从事软件开发，后来该公司的软件开发任务已经完成，进入了具体的应用性生产了，企业负责人就感到用研究生成本太高了，就开始用大专学历的会直接操作的人员，工资可以一下子降至2000—3000元左右，就是说原来用一个人的成本，现在可以用2—3个人。于是，当前一批高学历员工合同期快到之前一个月的时候，日方老板表示要解聘这批员工。员工们知道后非常气愤，认为自己把青春和智慧都用在了公司的软件开发上，公司的做法属于卸磨杀驴，于是他们提起了劳动仲裁。

因为涉及的企业办公地点在嘉兴大厦，街道工会将这一任务交给了嘉兴大厦联合工会处理。当时，嘉兴大厦联合党支部书记汪敏君在浙江嘉兴，时任嘉兴大厦联合工会副主席小曹急忙让汪敏君尽快赶回来，这家公司的职员正准备把日本公司里面所有的电脑砸坏。汪敏君要求小曹先把他们稳住，不能这样蛮干。后来小曹根据汪敏君的指导，把十多名员工请到党支部办公室，跟他们说：“你们有事我们工会会出面为你们维权，你们既然已经加入我们工会这个组织了，你们要相信我们。”这样才把他们的情绪稳定下来了。

汪敏君则马上从嘉兴赶回上海，先让这些年轻人平静下来，并让他们把原来的合同等资料拿出来，承诺在三天时间内会找到妥善的解决办法。汪敏君一方面去请教上海市总工会的相关专家，一方面去购买《劳动法》《合同法》《工会法》等法律资料，研究相关问题的解决办法。日方老板认为，辞退员工是企业的合法权利，公司已经支付了辞退费。汪敏君经多方了解和咨询，掌握了相关法律和政策规定。她在与老板交涉时说，按照中国的相关法律，就算合同到期，也要按照工作一年支付一个月薪水的补偿标准支付补偿金，例如工作十年就要支付十个月的经济补偿金。日方老板表示，既然有法律条文规定，企业愿意接受。然后，汪敏君又跟员工说现在是市场经济，合同到期了，企业在依法支付经济补偿金的情况下同员工解约是很正常的。从法律上讲，日本老板没有违反劳动法和任何条款，员工也要有法律意识和心理准备，再去寻找新的单位。

对于这一处理方式，双方都表示愿意接受。这件事处理好之后，在嘉兴大厦中引起了很大反响。日方老板很感激，感到工会不偏倚，按照公正的法律来处理问题。员工则感到，有了工会和党组织，以后碰到问题有人给我出面谈。在这种情况下，楼宇党支部和联合工会在大楼里一下子树立了威信。

2002 年，嘉兴大厦内某外资企业员工由于劳资纠纷，携带公司软盘、手提电脑和部分现金不辞而别，企业负责人与之交涉失败后，找到支部和工会协商，打算在报警之前，请组织出面做最后的协调工作。由于这名青年的高度戒备心理，轻易不接手机，即使接通电话，对方也非常抵触。但是，嘉兴大厦联合党支部和工会依然不放弃努力，终于使这个员工认识到问题的严重性，与资方达成和解。

应该说并非所有的中小企业都会遇到问题或严重的劳资纠纷。但是，对于依法调解劳资双方关系的强烈需求，在中小企业中还是普遍存在的。这些关系的调解，不一定只是在发生矛盾和严重冲突的时候才会需要，在日常的工作中也会经常出现。

除此之外，楼宇党支部还组织大家一起出游等团建项目，提高大家的福利，增进大家的感情。一些企业老总积极主动地向联合工会交会费，一方面是出于对联合党支部和联合工会工作的支持，另一方面也是出于改善公司劳资关系的考虑。联合工会每年组织一些外出旅游的活动，组织工作尽管很辛苦很不容易，却受到企业负责人和员工们的普遍欢迎。

正因为企业有改善公司劳资关系、改善公司内部人际关系的需要，嘉兴大厦联合党支部和联合工会在协调劳资纠纷、改善劳资关系方面所起到的突出作用，不但受到员工的欢迎，而且也受到企业负责人的欢迎。工会组织的休假旅游活动，甚至成为企业激励和鼓励员工的一种手段，成为公司员工获得的一种荣誉。

以上楼宇党组织在矛盾调解、员工福利方面所做的工作，本质上是基层党组织政治功能的拓展和发挥，使得楼宇党组织能够成为楼宇企业和员工之间的中介和纽带。从执政党基层组织政治功能发挥的角度看，支部和工会对这些矛盾的协调成功地将社会冲突纳入制度化的处理管道，将冲突化整为零，在局部范围内化解。其结果是分散了社会政治行动的内容、形式和规模，客观上缓解了面向国家层次或公共领域的政治压力。

最后，楼宇党支部通过有效的政治沟通和表达来实现日常权威的建构。所谓政治沟通是指政治系统运转过程中政治信息和情报的传递过程。在国家治理中，政治沟通担负着极为重要的作用，而政治沟通也是基层党组织和党员所应承担的一项重要功能。各级党组织和党务工作者应当充分利用好同人民群众的广泛联系，加强民情民意的调查和研究，加强对政策执行效果的科学评估和信息反馈，从而为决策的民主化、科学化提供强大支撑。

在日常的工作中，楼宇党组织实际地承担起了政治沟通的职能。一方面通过建立各种组织，搭建与企业管理者和职工沟通的桥梁，在相互沟通中了解企业的各种情况和困难，真心帮助这些企业渡过难关；另一方面通过沟通，使企业更多地了解党支部和工会，使党和政府的声音传达到企业，使企业和员工的各种利益诉求及时传输到上级党组织和政府。

比如在静安区，静安寺社区（街道）按照“自愿组合，稳步推进，团结互助，共谋发展”的原则，以提供形势政策信息等为活动内容创建了“楼宇”非公企业经营者沙龙、党员业主联谊会、企业高层管理人员论坛等。沙龙先后举办了“构建和谐社区”座谈会、赴青浦工业园区参观学习等活动，围绕企业文化、管理理念和经营方式等方面开展交流，不断增强沙龙对非公企业经营者的吸引力。同时，积极利用非公企业经营者沙龙平台，提高动态掌握非公企业发展情况的能力，及时了解非公企业的经营者对社区建设的意见和建议，为非公企业提供更好的发展环境。静安寺社区（街道）还授予32位热心支持非公企业党建和社区建设的非公企业经营者“党建之友”的荣誉称号，逐步形成了社区发展中一支抓得住、靠得牢、起作用的力量。在“党建之友”的大力支持下，不少非公企业还拨出了党支部专项活动基金，有力地支持了“楼宇”党建工作的开展。

“党建之友”还建立党建网站，就支部工作和企业发展广泛开展网上讨论。比如，在开展先进性教育期间力新仪器（上海）有限公司负责人主动担任了党外监督员，并率先设立党员责任区、开展党群公开试点工作，将支部的思想、组织、作风和制度建设等项工作以及党员对支部和企业的承诺上墙公开，使党员和党支部充分接受群众的监督。由于党建工作做得比较出色，力新仪器（上海）有限公司党支部被评为上海市非公企业“五好”党支部。党支部的良性发展也推动了企业的自身建设，党员不仅自身在工作岗位上体现了先进性，还主动帮助其他员工进步，及时反映员工需求，有效协调劳资矛盾，增强了企业的凝聚力。在党支部的组织下，非公企业还积极动员员工参加社区服务，利用自身资源建立社区科普教育基地等。

而对于嘉兴大厦来说，由于嘉兴大厦内将组织关系挂靠在嘉兴大厦联合党支部的党员所影响的企业毕竟是有限的，与大厦联合党支部有直接党务关联的企业并不能做到全覆盖。因此，“嘉兴大厦联合工会”成为在“联合党支部”领导下组建的影响大厦企业的重要组织载体。在汪敏君看来，并非所有的企业内都有党员，但是所有企业都有可能、也有理由成为联合工会的会员。于是，她通过各种途径说服、劝说和影响这些企业参加“联合工会”，目前已有40余家企业成为嘉兴大厦联合工会的会员单位。此外，在联合党支部的领导下，“老总读书会”发挥着沟通和桥梁的作用。通过嘉兴大厦联合党支部、嘉兴大厦联合工会、嘉兴大厦联合团总支、老总读书会等组织，嘉兴大厦联合党支部建立起一座座与企业沟通和交流信息的桥梁，一方面可以及时了解企业的各种需求和困难，给它们以力所能及的帮助；另一方面，也可以将党组织的声音传达到企业，在潜移默化中对企业产生巨大的影响力。

嘉兴大厦联合党支部的成立，在党和政府与松散的新经济组织之间架起了一座沟通和交流的桥梁，不但使党和政府有渠道了解到民营企业的情况，了解到它们的需求，同时，也将党和政府的声音传递到了这些松散的新经济组织群体中。

有的企业负责人说，以前了解党和政府的各项政策，主要是通过报纸、电台等媒体，这些信息是远远不够的。而在嘉兴大厦联合党支部组织的各种活动中，经常将有关部门领导请到这里来作讲座，使他们能够了解到政府更多的政策方面的信息，也能够更好地理解这些政策的意义。

联合党支部和联合工会还请政研室研究员、大学教授作讲座讲述国家的宏观经济政策，这些信息是政府希望企业更多理解政府行为的一种举措，其实也非常符合企业的愿望，因为企业的经营活动和进一步发展离不开对国家政策的把握和理解。政府的各种政策和法规，能够迅速通过这一组织传达到企业，一些具体部门的工作也能够很好地得到企业的配合。在开展流动党员调查的过程中，由于得到了嘉兴大厦联合党支部和联合工会的支持，凭借这些基层组织与大厦企业间的良好合作关系以及党员志愿者的工作，在嘉兴大厦，街道党工委不但能够迅速获得资料，而且还能够确保资料的准确与可靠。

在街道举办的其他一些公益性活动中，嘉兴大厦联合党支部和联合工会的支持也是极其重要的。2000 年，“同在一片蓝天下”捐助活动，20 家企业 83 名同志共捐款 9610 元奉献爱心。在街道组织的“民族风情”文化活动中，汪敏君也非常认真地组织了一大批外国人积极参与，踊跃而活跃的场面，使这次活动获得极大的成功。

显然，在楼宇内单个的企业组织中，并不具有表达公共利益的性质。原因是市场经济及企业的所有权性质，使其被划分到追求专门利益的类别，合法合理，但私人利益（或专门利益）不能被公共分享。排他性的利益目标，使企业组织不具有公共身份，因而无法成为组织公共利益的单位。而基层组织可以承担起公共利益的组织者和表达者的角色，从而建起楼宇社会中的利益中介机制。这种机制的形成进而对权威和社会关系的形成产生着重要的影响。

第三节　“支部建在连上”的创造性转化

在当时看，嘉兴大厦“支部建在楼上”虽然是一个发生在局部社会面的新鲜事物，但是这个事件背后所蕴含的运作逻辑对于我们思考在社会转型过程中党的组织与制度建设如何适应新的需求有着十分重要的意义。

1.0时代的楼宇党建是一个从无到有不断摸索的过程，其重点首先在于逐步实现党组织对楼宇新社会空间的覆盖。从组织形式上看，这是“支部建在连上”原则的创新与应用。“支部建在连上”所蕴含的政治逻辑是：党的组织深入基层社会、融入基层社会，在基层社会单位扎根，形成整合社会的网络，并实现与基层社会的良性互动。社会主义市场经济的培育和发展，必然要求政府由计划经济体制下的“全能型”转变为“有限型”，政府职能进一步转到“经济调控、市场监管、公共服务和社会管理”上来，政府没有法律授权不能对微观经济和社会进行干预。在社会主义市场经济改革过程中，政府与社会和市场分离之后，党组织必须以新的方式融入社会、整合社会、主导社会，进而凝聚社会，使党的组织得以继续保持同基层经济社会单元的紧密联系，并成为国家现代化的重要组织资源。因此，在社会主义市场经济体制下，“支部建在连上”所体现的政治逻辑无疑需要继续坚持。并成为国家现代化的重要组织资源。

但另一方面，“连”本身是在不断发生变化的，在革命战争年代，“连”是一个基本的战斗单元；在计划经济时代，“连”是广布社会各个层面的“单位”。随着社会主义市场经济体制建设的不断推进，“连”发生了更为深刻的变化：一是许多“连”从公有制变成私营、合资等多种所有制；二是“连”的组织形态发生了变化，许多“连”不再是具有严整体系的科层组织，而是演变成网络状组织。由此，“支部建在连上”的运作逻辑也要不断深化和拓展。基层组织除了继续在原有的单位制体系中运转之外，还要根据社会组织演变的脉络，发现新的据以立足的“社会单元”。

而当时所出现的新经济组织以及商务楼宇则是典型的“社会单元”。在这种情况下，要实现党组织的全覆盖，就需要根据环境的变化，选择适合的组织形式。在科层体系中，基层党组织可以建立相对制度化的组织形态，而在社会网络中，党组织则要采用灵活的结构、网状的结构，甚至采用一种行动结构，以最大化地发挥组织的优势和党员个体的政治能量。更为重要的是，面对不同人群，党要采取新的行动策略，而不能无限依赖过去的方法。而嘉兴大厦联合党支部的实践也说明了新形势下改革传统党建工作的有效性。

从功能上看，1.0 时期的党组织也发生了较大的转变。由于中国的市场经济体制改革是以建立公有制为主体、多种所有制共同发展的产权结构为重要基础的，因此势必形成以不同所有制为基础的经济社会单元。在这样的发展态势下，党的基层组织在不同所有制、不同部门、不同行业、不同层次中的定位就有了较大的差异。这就意味着，传统的基层党组织通过行政权力、以第一决策者的身份来体现党的领导作用的方式，在一些新的经济社会领域中不可行了。党的基层组织以服务的形象、服务的姿态体现党的基层组织的作用，是在新的历史条件下对党的基层组织领导方式、活动方式的新探索，其背后所蕴含的本质意义在于党的基层组织功能的调整和转换。

楼宇党组织的服务工作，既包括做好传统的服务群众、服务党员的内容，也包含引导群众进行社会参与和政治参与以及对楼宇中复杂社会关系进行沟通、协调，本质上是服务于党的工作的大局。强化党的基层组织的服务功能，是市场经济发展的必然结果。市场经济，顾名思义，就是市场在资源配置中起主导作用，由此决定了政府的行政权力受到很大的制约，计划经济时代政府权力无所不包的局面不复存在。政府不能直接干预市场的运作，党组织更不能干预微观经济。在这种情况下，强化基层党组织的服务功能，是社会主义市场经济条件下党组织功能转换的一种适当表现。

从表面上看，这种服务功能与传统革命时期的政治功能有很大的不同，从理论上讲，党组织作为政治组织，具有利益综合、政治动员、政治招募、政治社会化等政党化的政治功能，服务功能似乎与这些政治功能格格不入。但实际上强化基层党组织的服务功能恰恰是在大量非公有制经济组织中实现其政治功能的有效途径。现代政治的含义绝不仅仅是以权力为中心而展开的纯粹意义上的政治生活，任何一个社会问题，都可能对政治产生极大的影响。政治生活的重要动力源之一是利益。而普通群众判断一个政党是否代表其利益，主要看其行为表现，看政党的活动是维护其利益还是侵犯其利益。作为整个党来说，在制定政策上代表群众利益是其维护群众利益的主要表现。而一般来说，基层党组织只是党的政策的执行者，且基层党组织直接面对群众，因此其日常行为的表现就成为群众判断其先进性的直接依据。强化服务功能，直接为群众谋求看得见的利益，满足群众的利益诉求，事实上是在铸造党执政的利益依托、群众基础，最终有助于增强党的执政的合法性。实际上，在民主政治的背景下，服务已经成为世界政党政治中基层组织惯用的政治动员方式。在一些国家，不同政党的基层组织为了争夺选票，平时主要靠开展各种为选民的服务，以各种各样的活动来吸引选民，满足选民需求。有的以基金会的名义举办培训中心，提供技能培训和创业就业的机会。这是民主政治，选民直接选举所带来的结果，其直接的动机是获得更多的选票。对中国共产党来说，服务群众是党的一贯宗旨。特别是在基层民主不断扩大，企业转制后基层党组织面临很多新情况、新问题的背景下，只有更好地为群众服务，才能真正提升自身组织力，增强对广大群众的动员与引导。

第四节　小结与讨论

需要注意的是，1.0 时代的楼宇党建更多是从 0 到 1 的开创性工作，强调在新经济社会组织中先把党组织“建起来”，让广大党员找到组织找到“家”。在此基础上，适应楼宇环境的变化，改变传统的单位党建的方式，更加贴合楼宇社区的实际需要，充分发挥党组织的纽带作用。但与此同时，这一阶段的很多工作依然存在不足，比如服务的内容、党员的管理等方面的工作，虽然有所创新，但总的来说实践形式比较粗糙，不够精细化。同时，楼宇党建的运作高度依赖于魅力型领导。楼宇党支部不同于传统体制内的党支部，在传统的体系中，尤其是在党务和行政合一的基层单位，支部书记也是拥有行政权力的官员。书记的角色和“官员”的角色往往是很难分开的。楼宇支部是不掌握行政权力的基层组织，书记也失去了官员身份的依托。因此这就需要楼宇党支部的书记转变角色，将工作更多放在沟通、合作与服务上，而不仅仅是权力的直接使用，这实际上也对支部书记提出了很高的要求。嘉兴大厦楼宇党支部的成功与汪敏君能够扮演好书记这个角色有很大的关系，汪敏君不仅具备在多重角色之间自由行走的能力，而且还能够对多重规则灵活运用，这使得她能够较好完成党支部的工作目标，并为联合党支部争取到更多的支持与资源。但这种魅力型领导的出现具有高度的不确定性，如果楼宇党支部的负责人不能很好地转变自身的角色，也不具有汪敏君这样运用规则的能力，那么楼宇党支部的工作则很有可能受到极大的影响。而这些都会限制党组织在社会发展转型中的领导作用。

第四章
服务凝聚模式：强化基层党组织的凝聚力与吸引力

如果说浦东新区嘉兴大厦“支部建在楼上”的创举属于执政党基层组织层面的变革，那么以 2004 年浦东新区阳光驿站的建立为标志，上海楼宇党建许多新的活动空间和品牌的培育和涌现，则使得楼宇党建真正浮出水面，走向大众视野。由此，党建资源、党建元素、党建效能开始慢慢植根于商务楼宇，并逐渐拓展和渗透到这一新的经济社会空间。上一章对楼宇党建 1.0 时代的创新背景、特点以及其运作的机制等进行了整体性的分析和介绍，对于认识楼宇党建的初始发展具有重要的价值的意义。本章以新时期上海楼宇党建的特色案例为基础，深入剖析楼宇党建 2.0 时代的特征、做法以及价值和意义。本章的主要研究思路是，首先介绍阳光驿站诞生的背景，指出楼宇党建是在当时社会转型的背景下，解决社会整合、加强党组织对经济领域和空间渗透的必然举措。其次，本章将以上海中心大厦楼宇工作金领驿站等楼宇党建空间建设为例，介绍这一时期楼宇党建的特点以及其内部运作机制。从总体上看，2.0 时代的楼宇党建以建立红色空间，实现党组织对商务楼宇的资源传递和服务凝聚为主要目标。最后，笔者将对 2.0 时代的楼宇党建的意义进行总结和讨论，特别是与 1.0 的不同以及对 3.0 的承续进行比较分析。

第一节　楼宇党群空间：从“建组织”到“送服务”

党建工作的基本要求和逻辑是，“有群众的地方就有党的工作，有党员的地方就有党的组织，有党组织的地方就有正常的组织生活和坚强的战斗力”，在城市商务楼宇内进行党建工作由此就成为应有之义。

正是基于对这一基本党建规律的认识，中国共产党在改革开放市场经济兴起之后，开始了对“两新”组织党建的探索，并且随着社会与经济形势的发展，也在不断地变革基层党组织建设创新的方法。由此，楼宇经济空间成为党建拓展的新空间。正如上一章的分析，1999 年嘉兴大厦率先探索把“支部建在楼上”，成为了浦东“两新”组织党建的一面旗帜，成为了上海楼宇党建的引领者，并且开创了上海楼宇党建的 1.0 版本。需要注意的是这一时期的楼宇党建工作主要是以“建组织”和开展基础性的党务工作为核心，致力于帮助楼宇内的党员找到组织，与社区党建服务中心之间搭建桥梁，让流动党员顺利地完成报到和组织转接。即通过在楼宇这一立体空间中创建新的基于物理空间的基层党组织，实现对楼宇新社会空间的党组织覆盖，并面向楼宇“两新”组织及其党员职工开展党组织关系管理、党费收缴、党员宣传教育、党组织活动等基础性党务工作，以扩大基层党组织的组织覆盖面，并解决流动党员“找不到娘家”的困难。

从形态角度而言，1.0 阶段的楼宇党建对于原有科层式的基层组织体系有了较大突破，但从功能角度而言，以“建组织”为核心特征的楼宇党建模式实际上还是传统“单位党建”模式的延伸。在楼宇新社会空间中，这一传统党建模式存在较大的局限性。其一，传统党建方法难以匹配楼宇空间的整合需求。传统的思想政治教育方法难以形成对新经济空间中楼宇工作人群群体的感召和教化；在开展组织党建的过程中，单纯的党务活动非常单一并且缺少服务功能，很难对楼宇中的党员群众和楼宇工作人群精英形成有效的吸引力。其二，单一的党建内容不能有效联动楼宇空间中非党员力量。楼宇经济中非党员占比极高，单一的党建（比如提供党组织关系办理等）服务就把大多数的楼宇主体力量排除在党建服务以及党建整合之外，存在“整合性偏差”，难以有效提升党建的成效。其三，党建空间的布局设计、选址运营等与楼宇经济的基本功能诉求之间的匹配度有限。党建阵地的布局传统化、设计红色化、运营官方化等都与作为新经济载体的楼宇空间之间存在着观念差异，这就造成了党建空间与楼宇空间之间的悬浮、功能上互补的阙如。

楼宇党建有着自身特殊的规律性。商务楼宇中，以外资企业和民营企业为主体，这些新兴主体对政党建设有较大的心理距离；同时，楼宇空间与居住社区缺乏功能上的联系，基层政权对居住社区的治理机制和资源配给也难以辐射到商务楼宇。商务楼宇不仅是普通的经济单位，也是楼宇工作人群的汇聚地，而楼宇工作人群群体当中又有大量的党员存在，实施楼宇党建是抓住楼宇工作人群群体的重要举措。[1]城市商务楼宇作为“竖起来的社区”，其组织形态和运作方式都与单位和社区不尽相同。城市楼宇作为一种经济单位，聚集了大量的楼宇工作人群，这些精英群体也同时代表了经济发展的大趋势。但随之带来的问题是，楼宇工作人群通常为高学历人才，并且具有海外留学经历的也不在少数，他们价值多元化、需求多样化的特征使得党建工作尤其是党组织凝聚人心，统一思想价值观的难度很大。以上种种因素决定，一方面，这一新经济空间具有重要的战略性地位和意义价值；另一方面，党建的嵌入与渗透由于“低利益相关”而存在巨大的挑战与不足。

为应对上述新挑战，在对楼宇党建规律认识逐步深入的基础上，上海的楼宇党建进入了以“送服务”为重点的2.0阶段。虽然静安区建设楼宇党员服务站点的做法开启了“送服务”的先河，但其主要功能依然是传统党务。而自2004年浦东新区“阳光驿站”设立以来，大量党群服务站点在上海商务楼宇中涌现，它们不仅作为党组织嵌入新社会空间的代表，而且作为基层政府配置行政管理资源和民生服务资源的重要渠道与平台。特别是2014年上海市委“1+6”改革实施以后，上海基层社会治理走向“资源下沉，重心下移”的新阶段，大量资源向基层倾斜，楼宇党建的基础条件得到大大增强。其基本的情况就是，各街道纷纷在楼宇中建立各种形式的“党群服务站点”，这既使得楼宇党建的存在有了空间依托和物理形式，也引入了方方面面的治理资源，从而使得对楼宇党员群众的“服务凝聚”成为可能。在

[1] 叶敏：《巩固薄弱地带：城市楼宇上的政党建设策略——对上海J区N街道“支部建在楼上”经验的政治社会学分析》，《华中科技大学学报》（社会科学版）2019年第1期。

各类创新基层党组织建设方法中，浦东金领驿站以其“交流，服务，凝聚，引领”的党建理念成为了这一阶段上海楼宇党建的标杆。作为一种特殊领域的“两新党建”，商务楼宇党建是执政党巩固其执政基础，柔性嵌入社会的新做法，“将支部建在楼上”不仅具有强大的政治巩固作用，也是创新地方社会治理的实际需要。[1] 随着楼宇党组织体系日益完善，2.0 版的楼宇党建越来越注重通过服务资源的注入和活动项目的开展来引领楼宇党员楼宇工作人群。

第二节　强化党建阵地以服务促引领

在“两新”组织中建立党组织属于“两新”党建，其中以楼宇为单位建立区域性的党建阵地属于“区域化党建”，后者有着实质性的飞跃。如果说之前的“两新”党建主要面向“两新”组织内部的党员，那么区域化党建就面向整个楼宇社区，楼宇党组织真正有可能成为引领商务楼宇的核心枢纽。在 2.0 阶段，楼宇党组织之所以能够吸引凝聚楼宇内各类经济社会组织和党员楼宇工作人群，奥秘就在于以服务促引领。

一、阳光驿站的阵地建设

浦东新区阳光驿站可以视作 2.0 时期楼宇党建“建阵地”的主要

[1] 叶敏：《巩固薄弱地带：城市楼宇上的政党建设策略——对上海 J 区 N 街道“支部建在楼上”经验的政治社会学分析》，《华中科技大学学报》（社会科学版）2019 年第 1 期。

标志。1990 年，党中央、国务院作出浦东开发开放重大决策，浦东的经济和社会形态随之发生巨大变化。面对经济大发展、市场大开放、社会大转型、人员大流动的新的区域化特征，浦东新区组织部门始终秉持“一流党建促一流开发”的党建工作理念，以阳光驿站的创立和建设为有效抓手，精心打造区域性、服务型、开发式、专业化的党建工作平台。[1]

（一）成立背景

梅园街道（现陆家嘴街道）地处陆家嘴金融贸易区的中心区域，是一个商住混合型社区。街道于 1998 年 3 月成立，辖区面积 5.5 平方公里。截至 2005 年 7 月，街道内实有人口数量约 16 万，其中户籍人口 12 万，外来人口约 4 万。辖区内共有商务楼宇 72 幢，其中 48 幢投入使用。街道以“税收经济”和“楼宇经济”为“双轮驱动”，税收由 1998 年的 0.38 亿元增长到 2004 年的 6.2 亿元。2004 年完成招商 321 户，注册资金 11.02 亿元。2005 年第一季度招商注册资金已达 15 亿元，税收 3 亿元。[2]

众所周知，上海浦东新区自 20 世纪 90 年代初被国家列为改革开放的又一先头阵地之后，其变化可谓天翻地覆、日新月异。梅园街道就位于陆家嘴金融贸易区之内，包括东方明珠、金茂大厦、国际会议

[1] 中共上海市浦东新区委员会组织部：《“十年磨一剑”——浦东新区阳光驿站十年的探索与实践》，人民网–中国共产党新闻网，http://dangjian.people.com.cn/n1/2016/0721/c399425-28573611.html。

[2] 金桥：《组织环境与结构形态的多样性——对上海浦东梅园街道“阳光驿站”的实地考察》，《社会科学》2006 年第 12 期。

中心等上海发展的标志性建筑都在其辖区范围内。国家、市场、全球化以及社会结构转型的力量所带来的急剧变迁使梅园街道呈现出一种繁复缠杂的状态。人口、人才的高度流动，地域、学历、收入、地位等各个层面都存在较大的差异，导致需求的多样化和众多的不稳定性。一方面是群体、组织的繁荣生长，截至2005年上半年，共有6500多个经济组织和社会团体，体现了政府之外的市场与社会领域的发育。另一方面是行政力量的加强，街道虽只是新区政府的派出机构，但既有丰厚的财力支撑，又有上级的政策支持，在不少方面都是先进典范，包括社区党建。

2003年，处在浦东新区陆家嘴金融贸易区中心区域的梅园街道辖区内“两新”组织、“非公企业”众多。此时街道体制内的党建工作已经较为完善，但是在“两新”组织方面的党组织建设则在社会转型期间遇到了一些新的问题。首先，大多数企业有组织没有党员或者是有党员没有组织。有的党员因为没有找到党组织，而不能参加组织生活，也不能按时交纳党费。街道党工委在开展社区党建活动和社区建设时，感觉并不是很顺畅，要把整个社区党建工作统一起来确实面临严峻考验。[1]这时候社区党建的问题正好与学者们对于非公企业和“两新”组织党建的研究相契合，于是梅园街道党工委引进“阳光驿站”的理念来加强这一时期的浦东社区党建工作，并且也得到了浦东新区领导、组织部和城工委的支持帮助。

[1] 金梦：《“阳光驿站”：社区党建新模式——访上海市浦东新区梅园新村街道党工委书记宋占义》，《人民论坛》2005年第1期。

（二）成立动因

“阳光驿站”的出现很大程度上是为了应对街道辖区范围内楼宇工作人群党员群体愈来愈快的流动性特征，但其功能范围已经逐渐扩大到了社区的全体党员。阳光驿站自身的定位是“社区流动党员的接纳地，创建‘两新’组织（新经济组织和新社会组织）党组织的孵化器，社区党的各类组织资源交换、服务共享的平台，社区党员的温馨家园，党组织和党员服务群众的窗口”，[1]可以把它看作是街道社区党建的工作平台或空间载体。

一是探索新形势下适新应变、深化“三服务”理念的载体创新。浦东开发开放的全面启动，吸引了大量从事商业、服务业的人员，新经济组织、新社会组织数量随之急剧增长，党员的流动呈现出前所未有的规模和速度。在深刻的经济社会变革面前，传统的工作理念和方法已难以适应形势发展需要，如“两新”组织党组织未及时同步建立，党的组织覆盖、工作覆盖存在盲点，不少的“两新”组织和大量流动党员存在活动无场地开展，组织无地方归属，党员身份无地方挂靠，党费无地方缴纳，党员的权利和义务无法正常履行的现象。这就要求基层党建的理念和方式不断创新，特别是要建立与经济社会发展相适应的党内关爱和服务工作机制，将浦东“三服务”理念（党的上级组织为党的基层组织服务、党的基层组织为党员服务、党的各级组织和党员都为群众服务）落到实处，探索建设多功能、开放式的公共管理服务平台，为“两新”组织和党员提供

[1] 中共上海市浦东新区委员会组织部：《“十年磨一剑”——浦东新区阳光驿站十年的探索与实践》，人民网–中国共产党新闻网，http://dangjian.people.com.cn/n1/2016/0721/c399425-28573611.html。

服务。

二是探索社会化、标准化、品牌化的党员服务平台的现实途径。阳光驿站的创设，本职还在于服务。一方面，伴随着市场经济快速发展，部分党员在经济社会结构调整中成为弱势群体，需要组织给予更多关心和服务；另一方面，“两新”组织党建工作起步后，迫切需要一个能够为“两新”组织党员提供学习、交流的平台。而且从实际来看，这个平台必须是开放式的，因为要面向社区范围内所有类型的党组织和全体党员；必须是社会化的，必须走志愿服务、互助服务的路子，去除行政化的倾向；必须以阳光驿站为主体，为浦东新区基层党组织和广大党员群众，打造适应新区特点、满足党组织和党员群众需求的服务品牌。

三是探索加强党员管理、保持党员先进性和纯洁性的客观需要。党员队伍的教育管理存在难度，特别是在社区和“两新”组织的党员流动性较强，“口袋党员”甚至是隐形党员都占有一定比例，这部分党员如何发挥作用，以及党员的教育、管理、服务都存在一定问题。通过阳光驿站的党员服务窗口，指导和动员社区各类党组织的党员到阳光驿站开展活动，工作人员提供热情周到的服务，党员到阳光驿站办理组织关系转接等相关手续，使党员体会到作为一名党员享有的权利和应该尽到的义务，从而激发和调动党员的主体意识和党性观念。有的“两新”党员说，之前在企业里一直忙经营、忙生产、忙科研，只有到阳光驿站支部党员一起组织活动、开展交流，见到阳光驿站的党员墙、先锋榜，才更加直观地体会到自己身为一名党员的荣誉感和归属感。阳光驿站是真正的“‘两新’党员之家”“流动党员之家”。

（三）主要功能[1]

一是流动党员的接纳地。对于在上海时间不固定、住处不固定、所在工作单位不固定的外地党员，“阳光驿站”起了一个接纳地的作用。二是“两新”组织建立党的基层组织的孵化器。“两新”组织里面有党员而没有党组织的，通过“阳光驿站”这个平台，建立起党组织；没有党员的企业，通过“阳光党校”来选拔、培养入党积极分子。三是区域内各类党组织实现资源交换、服务共享的平台。

阳光驿站通过4个专业委员会来整合资源。一是通过非公有制经济经营、管理组织和党建工作专业委员会与社区企业协会挂钩，让企业负责人中的党员和非党员进行沟通交流，为非公有制企业的经营管理和党建工作的健康发展提供重要智力支撑和政治资源。二是通过社区创业和就业专业委员会与企业负责人挂起钩来，为下岗的党员和群众进行再就业心理疏导和岗位技能培训，努力提供新的就业条件和就业机会。对于民营企业家在创业中遇到的困难和问题，通过专业委员会来协调、解决。三是通过社区公益事务专业委员会，对社区党员进行自觉参与公益活动意识的培育和引导，组织党员和社区志愿者积极参与公益活动。四是通过党建研究会，对目前社区党建中遇到的一些新情况、新问题进行研究。四是服务党员、服务群众的窗口。把建立“阳光系列品牌”作为抓手，既开辟了党组织为基层党员服务的空间，又向党员提供了为群众服务的舞台。为此，街道党工委组建了以200名党员为主体的“阳光服务队”，建立了“阳光党建网站”，创办了

[1] 金梦：《“阳光驿站”：社区党建新模式——访上海市浦东新区梅园新村街道党工委书记宋占义》，《人民论坛》2005年第1期。

“阳光讲坛”，开办了“阳光咨询台”，联办了“阳光课堂”。第五是党员和社区群众交流互动的温馨家园。党员和群众很喜欢“阳光驿站”，到了“阳光驿站”就像到了家里一样，感觉很温暖。流动党员有时候工作忙，不能参加驿站组织的活动，他们就提前请假，事后还会通过网络汇报、交流思想。社区的群众也觉得“阳光驿站”很温馨，也很愿意来。

总体上讲，“阳光驿站”就是构建两个平台，即交流服务的平台和形象展示的平台；完善三项机制，包括组织归属机制、学习教育机制、志愿服务机制；发挥一个辐射作用，主要体现在“阳光驿站”对社区党员服务站（点）、“两新”组织党建工作的指导以及对社区广大党员群众的服务上。最终通过“三服务”达到“三凝聚”的效果。

（四）成效反响[1]

一是抓组建，强队伍，强化组织优势，壮大了基层党务工作力量。阳光驿站的主要负责人由所在街镇经验丰富、能力突出的党务工作者担任，配备专职骨干，加大专职党群工作者队伍力量。各阳光驿站还普遍建立了阳光法律咨询服务队、阳光医疗服务队、阳光教室服务队、地铁志愿者服务队、党员志愿者工作室等一大批阳光驿站的专门队伍和服务部门，在具体的党务工作开展过程中，这支队伍经受了锻炼、提升了能力、积累了经验，成为全区基层党务工作者当中一支十分重要的力量。阳光驿站还结合党的生日、党员活动、为民服务工

---

[1] 中共上海市浦东新区委员会组织部：《“十年磨一剑”——浦东新区阳光驿站十年的探索与实践》，人民网–中国共产党新闻网，http://dangjian.people.com.cn/n1/2016/0721/c399425-28573611.html。

作的开展，从街镇既有的在册、在职党员中培养了党员巡讲团、阳光讲师团等主题活动队伍，有效地扩充了党员志愿者队伍，壮大了阳光驿站的服务力量。如陆家嘴阳光驿站有效整合陆家嘴社区党员志愿者资源，组建了5支特色志愿服务队，吸引楼宇中500多名青年党员（团员）参加，服务党员群众3000多批近2万人次；花木街道阳光驿站从2005年开始以阳光网络服务平台为载体，吸引了区域内近200家企业的中青年骨干，为困难群体、党员、劳模提供帮助；上钢社区阳光驿站将社区居住的60多位志愿军老战士、80多位“两弹一星”老功臣、60多位全国和上海市劳模进行有效整合，作为理想信念教育、形势任务宣传、红色主题宣讲的重要资源和力量，使阳光驿站的工作更加富有说服力和感染力。

二是抓载体，搭平台，突出服务优势，拓展了党员服务管理内涵。全区各基层阳光驿站结合工作职能和党员群众需求，进一步明确阳光驿站的服务平台、服务内容、服务方式，以文明创建、组团服务、扶贫帮困、医疗服务、社区建设、法律援助等公益事业志愿服务活动为主，并在拓展阳光驿站服务内涵和方式的过程中，搭建服务平台，丰富服务内容，创新服务载体，提升服务质量，实现服务内容的全面覆盖。截至目前，开发的阳光服务项目达20几项。首先以阳光驿站为基地，积极推进规模以上企业建立党组织，加快新经济组织中党组织的孵化，积极探索在市场、社团组织、农村合作社中建立党组织，在全区党的组织和工作覆盖中发挥积极作用。例如，陆家嘴阳光驿站从建立初期的6家“两新”党支部、90余名党员，发展到目前53家“两新”党组织、1200余名党员，切实体现了党建全覆盖的孵化功能。其次，阳光驿站充分发挥了各类党组织资源交换和平台协同作用，努力搭建党组织和党员为社区、为群众双向服务的平台，使阳光驿站真正成为为区域内驻区单位和群众提供服务的重要枢纽，成为区域内党员践行宗旨意识、发挥模范带头作用的桥梁和窗口。例如，浦兴社区阳光驿站聚焦党员争做志愿者，将区域内的驻区单位、在职党员整合起来，成立党员志愿者队伍，在地铁车站设立“党员先锋岗”“党员示范岗”，2012 年 5 月巨峰路站的党员志愿者队伍正式命名为“大爱先锋队”，阳光驿站的党员志愿服务工作掀开了新的一页。再次，精心打造党组织和党员群众的温馨家园，为区域内的党组织和党员提供各种服务，特别是为“两新”组织党员提供个性化、有效管用的服务，有力加强了对流动党员的教育管理和服务。例如，潍坊社区阳光驿站紧紧围绕社区党工委“布点划片”实现楼宇党建工作全覆盖的要求，推动阳光服务进楼宇，在各个楼宇设立以楼宇物业为依托的党员服务点，将党的组织建设、党建实务知识、区域活动信息、社区各类活动资源摆放到党员服务点，便于“两新”党员了解和掌握，并定期在楼宇片区开展丰富多彩的活动，切实增强了“两新”组织党组织的活力和凝聚力。

三是抓规范，强管理，彰显品牌优势，健全了基层党建长效机制。阳光驿站建设按照区域化着力、项目化推进、品牌化培育、规范化管理的总体思路，建立了一套切合实际的党员服务管理的规章制度作为长效机制，规范管理、认真落实，实现了党员服务管理工作的全覆盖，打造了一批阳光驿站服务项目品牌，进一步夯实了全区党建工作基层基础。从 2006 年开始，浦东新区区委组织部在全区范围内，开始持续开展“阳光驿站特色工作创新活动”，特色创新工作评选以召开特色工作发布会的形式进行，侧重考查工作内容的创新性、影响力、认可度和实效性。每次发布会由基层阳光驿站负责人进行概述，经过基层互评、专家点评和综合评审，每次产生 10 个创新奖，对获奖的基层阳光驿站，由新区颁发“浦东新区阳光驿站特色工作创新奖”，通过创新活动评选促品质提升，以品质提升促品牌建设，力求一站一景、一站一品，取得了比较理想的成效。在推进阳光驿站品牌化建设过程中，始终着眼于将阳光驿站打造成为区域化党建工作重要平台，区域内党建活动中心、教育培训中心、党建工作指导和保障中心、形象展示中心、党组织和党员联系服务群众中心的目标，做实、打响阳光驿站品牌。全区 38 个阳光驿站涌现出了一大批本区域内富有特色、优势突出、成效显著的工作品牌。

阳光驿站品牌化培育工作，不仅为基层阳光驿站提供了交流经验、展示成果、取长补短、提效增能的平台，更重要的是，激发了各级党组织以品牌创建、工作创新为动力，积极探索和不断实践新形势下党建工作的新思路、新办法、新举措，使全区基层党建工作展示出异彩纷呈、特色鲜明的多样化特质，丰富了浦东新区基层党建工作的形式和内涵。首先，以开展阳光驿站十佳窗口创评活动为抓手，抓规范服务和质量提升。创评活动严格按照硬件设施佳、功能拓展佳、工作创新佳、常规工作佳、窗口形象佳、支部建设佳、队伍建设佳、团结协作佳、制度建设佳、保障支撑佳等十佳标准，每年在全区所有阳光驿站中开展自评、互评、综评，产生 10 个示范窗口，有力促进了各阳光驿站工作水平提升和自身建设。其次，以远程教育双创双争活动为载体，抓运维管理和示范建设。加强对全区 1000 多个党员干部远程教育终端站点的运行维护，提高管理人员的业务能力和工作热情，从 2009 年开始，在全区开展主题为“创先进教学平台、创示范终端站点，争当优秀站点管理员、正当学用标兵”为主要内容的双创双争活动。采取年初申报、年中预审、年末评选的方式，每年评选产生示范站点10个，先进站点20个，十佳指导员10名，学用标兵20名，对推动阳光驿站远程教育功能的提升和完善，起到了较好效果。再次，以工作制度的制定和落实为重点，抓长效管理和制度建设。根据阳光驿站的工作特点，先后制定了《阳光驿站窗口接待规范化实施意见》《首问责任制》《阳光驿站工作例会制度》《党员志愿者服务管理制度》《流动党员党支部管理制度》等一系列规范性文件，进一步提升工作的制度化和规范化水平；坚持阳光驿站站长的工作例会制度，按照功能相近、地域相邻的原则，每季度分片区举行阳光驿站工作例会，及时明确要求，反馈情况，加强沟通；建立“党务专门家”培训平台和工作机制，将党务专门知识和实际操作作为培训的重点内容，对基层的专职党务工作者进行培训，作为基层党务干部丰富知识、开拓视野、更新观念、提高能力的重要载体和长效培训工作制度；建立“阳光讲坛”党建工作学习长效制度，论坛以服务基层党组织和党员为宗旨，交流各阳光驿站好的经验做法，使论坛成为基层党组织开展工作的有力帮手，这对于建立健全党建工作交流制度，提升基层党建工作整体水平起到了明显作用。

（五）经验启示

阳光驿站的孕育和发展，是浦东面对经济大发展、市场大开放、社会大转型、人员大流动、非公有制经济组织和新社会组织大量涌现、城市化进程加速推进等作出的主动回应。针对组织覆盖空白点、党员教育增长点、资源聚合薄弱点等新问题，以区域化党建为依托，以资源整合为重点，面向区域内的各级党组织和党员，积极打造组织内信息交换和资源整合的互动性平台。针对党员群众思想观念、价值取向、利益诉求日趋多元的新情况，以服务为宗旨，以凝聚为目标，积极打造及时性、菜单式、精准化的服务型平台。针对社会形态、社会结构变化对执政方式、运作方式转型提出的新要求，以开放性为特征，以社会化为关键，积极打造党组织连接社会、引领社会、服务社会、凝聚社会的枢纽型平台。[1]阳光驿站的成立和发展，开辟了一条加强新时期基层党建工作的新途径，这对于创新和深化基层党建工作思路，完善和健全基层党建工作制度，提升和增强基层党建工作实效，都起到了十分重要的推动和促进作用。

二、白领驿家的服务引领

静安区静安寺街道也是“支部建在楼上”的开拓者之一。2002年5月26日，静安寺街道党工委在中华企业大厦正式成立了全市第一家商务楼宇党员服务点，探索实施以属地党组织牵头，以楼宇为单位建立党组织和党员服务点的工作新模式。走进底楼大厅，楼层指示牌上，所有企业标识都是黑色文字，“党员服务点”五个红色大字格外醒目。开展党建活动的场地，则是由这幢商务楼的物业公司中企物业免费提供的。物业的支持非常重要，时任静安寺街道综合经济党总支副书记的王长燕和百乐居民区党总支书记刘文化最有体会，商务楼

[1] 中共上海市浦东新区委员会组织部：《“十年磨一剑”——浦东新区阳光驿站十年的探索与实践》，人民网–中国共产党新闻网，http://dangjian.people.com.cn/n1/2016/0721/c399425-28573611.html。

普遍“门难进、脸难看、话难说、表难填”，他们进商务楼开展党建，如果没有物业帮忙“送进去”，就会被企业关门“送出来”。紧接着，街道乘势而上，在紫安大厦、延安饭店、美丽园大酒店、永兴商务楼等，相继挂牌“党员服务点”。

自2002年以来，静安区楼宇党建做法得到社会逐步认可，并蓬勃发展。但是在发展的过程中也暴露出一些不足，主要表现在三个方面：一是缺乏楼楼联动，楼宇党建主要基于一幢楼开展工作，楼与楼之间的联动较少；二是党组织生活缺乏活力，楼宇党建多为自上而下的动员方式，通过各级党组织，由部分党群工作者开展活动，这种方式缺乏活力，楼宇工作人群不易接受；三是工作对象只聚焦党员，起初，党建工作的对象只聚焦党员，致力于发现党员身份，开展党务活动、提供党员服务，没有面向广大的楼宇工作人群群体。基于此，静安区社工委就提出，应当以一种比较社会化的方式来做新形势下楼宇工作人群的楼宇党建工作。2004年，静安区在全市率先开始招聘专职楼宇党群工作者，开启了党建社会化的探索。2007年，时任中共上海市委书记的习近平同志到静安区调研楼宇党建工作，他说“上海的党建重点在楼宇”，楼宇经济是金融中心、科技中心、楼宇工作人群精英汇集的地方，是社会多元化发展最有代表性的地方。楼宇中不同所有制、不同行政隶属关系的“两新”企业呈现出多元复杂的特征。在前期工作的基础上，2009年12月10日静安区“白领驿家”应运而生，意思就是楼宇工作人群的“家”，是为楼宇工作人群提供服务的地方，并以社会组织形态展开工作。十多年来，白领驿家的发展脉络清晰可辨，大体经历三个阶段。

一是创品牌的初始阶段。2009年12月到2013年，是白领驿家的初创阶段。设立伊始，白领驿家的工作理念就是跳出党建抓党建，工作思路是“关注需求，完善服务，组织凝聚，政治引航”，工作目标是要让楼宇工作人群有凝聚力、归属感，从而自然而然团结在白领驿家周围，形成一种组织凝聚，并达到传递正能量和价值观的目的。这一阶段设计了很多品牌活动，比如“公益也时尚”“缘来一家人”“驿家心 SPA”等，几次活动下来，一些核心群体形成，从而演变成社团，党建工作也随之嵌入。这一阶段显著特点是政府推动，由静安区社工委布置工作，白领驿家来组织开展活动。

二是社会化转型阶段。2013 年到 2016 年，白领驿家入驻南京西路 819 号中创大厦。开张第一天，上海市委有关领导即来考察，听取静安区借助社会组织服务楼宇工作人群的情况，并给予肯定。为了促使白领驿家由泛行政化向社会化转型，白领驿家也做了相应的调整，一是调整白领驿家的工作时间，二是充实和调整工作人员的结构，三是运作经费多元化。转型后，日常运作虽然还是由政府保障，但开始以承接项目的方式获得组织再发展来保障生存。比如，尝试社会化合作，引进社会机构入驻，接纳社会优质资源，加入舞蹈社；适应信息社会发展趋势，开设微信公众号、网站和 BBS 论坛等形式吸引楼宇工作人群；着力打造白领驿家的品牌活动，如 2017 年开展“筑梦忆初心”，将“绿色一平米”并入“公益也时尚”当中；等等。

三是不断深化的创新阶段。2017 年，白领驿家正式入驻南京西路 1728 号百乐门大都会商务楼。迁址后的白领驿家再次提升服务能级，“以服务吸引楼宇工作人群，以活动凝聚楼宇工作人群，以社团组织楼宇工作人群”为宗旨，设立圆梦工厂，发起“益家盟”，成长为对楼宇工作人群全方位、环抱式关怀的“E 次方楼宇工作人群之家”。

“筑梦忆初心”是这一时期的全新党建服务品牌，是政治引领型党建，政治引领是核心内容。这时的白领驿家已经不是一个点、一个阵、一个社会组织的概念，而是逐渐成长为一种新的党建模式和党建品牌。其核心在于由服务逐步聚焦内涵，坚持党建引领，同时兼顾社会化。

静安区的另一栋标志性大厦——凯迪克大厦的楼宇党群服务站更是将服务引领发挥到极致，能够为楼宇党员楼宇工作人群提供“一站式”服务的便利体验，“邮政快递、正章洗衣、名医会诊、科普书吧、心理咨询、爱心妈咪小屋、楼宇工作人群食堂、天天果园、心灵咖吧……30多项公共服务内容把办公楼变得像家一样温暖”。不少楼宇工作人群党员下班走出办公室，却不舍得离开办公楼，争分夺秒地赶着参加楼里的缓压、联谊、健身等活动。目前，静安区50个建立党建服务站的楼宇入驻率均达到95%以上。高服务能级的党建工作提升了静安楼宇的品牌和知名度，最终形成了楼宇和企业双赢的局面。

第一，构建服务体系的工作框架：一幢大楼就是一个“立体社区”。2010年6月24日，静安区首个楼宇社区综合公共服务平台——楼宇立体服务站在凯迪克大厦成立。经过三年的尝试和探索，初步形成了立体化的公共服务体系。2013年9月，静安区社建办制定出台了《关于推进静安区楼宇立体服务站建设的实施意见》，从运行机制上给予保障。提出要按照“科学配置、合理分布、提升服务、效能联动”的原则，科学规划、合理布局楼宇立体服务站的建设工作，由区社建办牵头，在各社区街道党工委的领导下统筹推行，各社区综合党委负责，楼宇专职党群工作者具体操作，楼宇物业积极配合。进一步明确了楼宇立体服务站建设的阶段目标、实施定位和操作要求。

第二，完善服务项目的功能结构：坚持需求导向，满足楼宇工作人群的基本需求。静安区相关部门围绕楼宇工作人群“吃饭难”“社交难”等为切入口，进行了大量需求调研，了解企业及楼宇工作人群的服务需求，做到“底数清、情况明、定位准、服务精”。根据多元化的需求，主动对接，不断拓展服务项目，改进服务方式，延伸服务手臂，及时高效地作出回应，使楼宇工作人群在工作的商务楼宇中切实感受到与日常生活的社区中一样，甚至高于“平面社区”的更深入细致、更方便多元的立体服务。

第三，优化服务资源的整合机制：以机构联动、资源整合、信息互通为着力点，实现组织和服务的整合。一是整合区域力量，构建联动平台。立体服务站联合党建、工会、妇联、物业、企业等多方力量，搭建起群众工作的多元载体和联动平台。二是整合公共资源，优化组织功能。立体服务站项目内容包括基本项目和自选项目，政府将组织功能的整合充分渗透到各项具体工作之中，根据需求，通过打造服务项目模块，确定每个服务模块的第一责任人，来增强管理服务水平。

第四，强化服务内涵的价值取向：强化服务理念，坚持以服务促发展、以实效聚人心，全面改变了传统的党建工作模式。一是为入驻企业、楼宇工作人群搭建各类沟通桥梁，通过立体服务站及时发布服务信息，充分了解和解决企业、楼宇工作人群的实际问题，维护员工合法权益，助推企业良性发展；二是为入驻企业培育人才，发挥党建引领带动作用；三是突出入驻企业党员骨干作用，通过建立楼宇立体服务站这种融基层党建和社会管理创新于一体的服务型党建模式，增强党的凝聚力和影响力。

静安寺街道党工委通过在商务楼内建立党员服务点，寓管理于服务之中，有效地把楼宇高学历青年团结凝聚到党组织周围；各街道党工委普遍把党建工作通过工、青、妇等群众组织多渠道地渗透到商务楼宇中，并注重发挥社区党组织作用，积极为楼宇青年成长搭建舞台。探索建立了楼宇立体服务站，以党建引领，围绕楼宇工作人群民生需求，通过服务促凝聚、促和谐、促发展，主动对接需求，从企业、楼宇工作人群的急、难、愁、需、盼入手，开展一系列暖心、暖人的服务工程，为楼宇工作人群营造了一个便利、和谐、人文的新型立体服务社区。这一阶段楼宇党建创新的本质就在于以服务促引领，抓住高学历青年楼宇工作人群的民生需求，打造“暖胃”工程、“关爱”工程、“活力”工程、“心灵”工程、“读书”工程等一系列暖心工程，利用了群众社团、物业党建联建和社会运作的大党建方式，以提供快捷便利的服务增强广大楼宇工作人群的凝聚力，将楼宇党建与文化建设互通共融，发挥楼宇党建正能量，反哺企业发展，实力稳商留商，充分诠释了党建就是生产力的先进理念，实现了楼宇党建多方共赢的良好局面。

三、嘉兴大厦的转型升级

1999 年，嘉兴大厦在楼宇成立党支部，成为把“支部建在楼上”的先驱。到 2017 年，嘉兴大厦联合党支部发展成为联合党委，成为一个下辖 69 个支部，1400 多名党员，辐射周边 27 栋楼宇的大型楼宇基层党组织。与此同时，潍坊新村街道也借鉴“金领驿站”“白领驿家”等楼宇服务空间站点建设经验，开辟了嘉兴大厦党群服务站。服务站坐落于潍坊街道东方路 877 号 2 楼 D-1 室，2016 年 6 月被授予“楼宇党建工作指导站示范点”称号，2017 年 5 月嘉兴大厦党群服务站完成功能升级改造。

一是多样化资源下沉充实服务站功能。服务站以党建为引领，以服务为纽带，以项目为抓手，“1+3+7”的功能设置，麻雀虽小但五脏俱全，空间不大但温馨靓丽。“1”——党建引领，坚持党建引领，服务社区；“3”——工青妇 3 个群团工作站；“7”——7 个服务项目。7 个服务项目分别为：①先锋廊，门口的党员先锋展示墙和“我们一起走过”的宣传版面让大家感受到我们身边的党员先锋模范。②“大晴”书记工作室，三位经验丰富的“两新”老书记结对带教年轻新书记，开启“两新”党组织书记“传帮带”新模式。③远教学习点，通过微党课、微活动实现“两新”组织党员多元化、多维度学习教育。④党员书吧，由党员倡议捐出自己最有意义的一本好书，定期组织学习教育交流活动。⑤“幸福驿站”：为青年楼宇工作人群提供幸福面询、心理舒缓减压、亲子活动等服务。⑥“爱心妈咪小屋”，为哺乳期的女性提供一个私密、干净、舒适、安全的休息场所。⑦“青年公益站”，定期组织参与社区公益项目。

二是以需求为导向将党建与服务相结合。以往楼宇工作人群党员除了按要求参加组织生活外，与党组织联系并不多，参与组织生活的积极性并不高。如何让楼宇党员走进来、玩起来、留下来，通过开展有特色、接地气的党建服务和活动，让楼宇工作人群真切感受到党组织的存在，在这里找到家的感觉。开展“党旗下的初心”党日活动。“1+7”菜单 + 定制的开放模式和活动内容，让基层党支部可以自行“点单”、自主“下单”。如受嘉兴南湖渊源启发，开展“追寻心中的那艘红船”党日活动，就是由下属钱江大厦第一联合支部倡议、设计和开展的活动。利用午间 1 小时，党员自己上台，从乌篷船讲到南湖红船，从传统文化走进红色文化，再到弘扬“红船”精神，精心准备的微党课让大家耳目一新。制作心中的那艘红船，重温一次入党誓词。参加活动的党员这样说：“这样的主题活动，不仅有意思，而且很有意义。这艘红船我会带回去放在自己的办公桌上，时刻提醒自己是一名共产党员，在工作岗位上要带头示范。”举办“书香里的信念”主题活动。“书香里的信念”主题活动也是由下属的支部和党员发起倡议，捐赠心目中的一本好书。一群朝气蓬勃的青年党员围坐在一起，各自拿出自己的“爱书”，热烈地讨论着、分享着书中动人心魄的词句，一时间仿佛众多“有趣的灵魂”相遇在一起，在这个温馨“小屋”里思想火花五光十色，产生别样的精神共鸣。一名“两新”组织党支部书记这样说：“这里是一个可以栖息却不停止飞翔的家，支部就是我们的家。大家共同簇拥着、攀附着、竞逐着而又欢笑着、招呼着、带领着，一同将梦想放飞，一同将成长定格。”

三是探索以楼宇社区化推动基本公共服务进楼宇。近年来，潍坊新村街道社区综合党委以共同目标、共同利益、共同需求为纽带，在辖区“两新”组织中开展文化体育、继续教育、健康服务、文明创建、世博行动、企业服务、法律维权、慈善互助等内容的“八进楼宇”服务活动，整合利用社区行政资源、人文资源、人力资源、物质资源和信息资源，不断扩大党的工作覆盖面，增强党的社会影响力，努力为构建区域性大党建，促进地区经济持续发展，提供有力的组织保障和服务支撑。首先，楼宇与楼组的联动。针对潍坊区域特点，服务站聚集楼宇工作人群与楼组“白发”两类群体，以社区公益和文化为主要支点和项目，开展“八进楼宇”（文化体育、继续教育、健康咨询、文明创建、企业服务、法律维权、公益互助、世博行动）和

"六进社区"（楼宇的场所、活动、信息、关爱、公益、技术等六类资源进社区）双联动，让服务项目走进来、公益项目走出来，为城市基层党建筑起区域化的有感社区。其次，线上和线下联动。针对"两新"组织如何做到"两学一做"学习教育常态化制度化问题，与人民网合作开设"支部通"学习教育平台，引入"学分制"的理念和制度，让楼宇党员利用碎片化的时间，时时处处在平台上充电学习。通过线上点单、线下活动、线上领学、线下通学等互动联动，探索由"支部建在楼上"向"支部建在屏上"的跨越，为城市基层党建插上信息化的思想翅膀。以融合共建为取向，让服务站联动起来。作为一个开放性、共享性的服务站，管理上尝试轮值办法，并推动建立项目双向认领、载体双向联动的机制，激活"两新"组织党建内生动力。

在拓展楼宇党建"服务凝聚"过程中，服务资源"八进楼宇"工作具有极强的代表性。2015 年开始，浦东新区潍坊社区（街道）综合党委针对"两新"组织党建工作"二多二少"现状，即大厦楼宇年轻工作人群党员多、辖区楼宇企业多，非公有制企业党建工作经验少、大厦楼宇党建资源少等特点，整合社区资源，汇聚并形成了近 100 项"八进楼宇"具体服务活动项目。这一举措较好实现了社区资源共享，丰富了楼宇工作人群青年的文化业余生活，提升了楼宇党建工作水平。

潍坊社区"两新"党组织现有党员 1500 多名，下设 91 个基层党组织，由于楼宇工作场地的限制，党员的日常活动和组织生活场地往往缺少保障。"八进楼宇"服务从党员每月的组织生活场地有保证为关注点，挖掘社区一切可利用的场馆资源，先后辟建了社区文化活动中心场馆、楼宇物业会议室、"五个有"党建阵地等活动场所，供党员和党组织无偿使用。有了宽裕的活动场地，党员的组织生活内容丰富了，形式活跃了。有的举办交谊舞培训、有的开展歌咏排练；社区图书馆还主动牵头与浦东新区图书馆共建延伸服务，开辟新区第一家汤臣金融大厦楼宇图书借阅角，使楼宇工作人群青年不出楼宇就可借阅最新图书。

楼宇工作人群青年平时工作压力大、生活节奏快，日常缺少运动，不少楼宇工作人群青年身心健康缺少关怀。社区综合党委从关心楼宇工作人群青年的身体健康入手，联系辖区长航医院和社区卫生服务中心，每月定期利用午间休息时段，组织医师进楼宇开展免费医疗服务和咨询。潍坊卫生服务中心还免费提供骨密度测试，辖区医患对口上门服务及常规专项体检等服务项目；所辖 96 广场党总支借助社区活动场馆，每年春夏两季举办楼宇工作人群欢乐体育节，丰富多彩形式多样的登楼、趣味高尔夫、定点投篮、游泳、拔河、乒乓球、跳绳等体育活动吸引楼宇工作人群青年的踊跃参与。

社区（街道）党工委高度重视社区两新组织“八进楼宇”推进工作。分管副书记积极牵头、主动协调有关职能部门，确定服务项目及经费保障，并提出具体实施计划和服务要求。从而确保“八进楼宇”服务不断拓展推进健康发展。潍坊社区“两新”组织“八进楼宇”服务内容不断由党建专项服务向综合类服务拓展；服务选择由需求服务向主动服务提升。通过信息沟通制度，定期活动制度和工作联谊制度，使“八进楼宇”服务活动在扩大党建工作覆盖面，拓展楼宇“两新”党建和推动区域经济发展上起到了互联、互补、互动的积极效果。

在“八进楼宇”服务中，结合街道部室提供服务与“两新”组织分享服务的关系，较好形成了三项运作制度：一是信息沟通制度。社会综合党委每两个月召开一次党委会议，会上及时沟通“八进楼宇”活动开展情况和服务项目更新信息。保证社区服务“两新”楼宇畅通、便捷、到位。例如，嘉兴大厦联合党总支组织开展“迎世博文明大使车”启动仪式，获此信息后，街道文明办积极配合，邀请新区文明办领导参加发车仪式，联系新闻媒体现场报道，使该活动成为新区首批楼宇工作人群党员迎世博文明大使车队，产生了良好的社会反响。最近街道针对社区楼宇工作人群生活、工作、学习压力大，心理亚健康需要疏导的要求，社区科协会同心理咨询专业人员拟试点开展心理咨询的服务项目，使社区服务信息和动态及时让“两新”党组织了解和利用。二是定期活动制度。根据楼宇“两新”组织党员、青年及业主的需求，定期定时定点开展“八进楼宇”服务。如中片96广场党总支商务楼宇相对集中，楼宇工作人群健康咨询服务需求量大，他们就邀请辖区长航医院医师每月一次轮流在各楼宇大堂设点开展健康服务医疗咨询和卫生知识宣传，社区司法综治部门律师定期进楼宇开展法律咨询服务；嘉兴大厦党总支党员活动定期外聘讲师开展时事政治、经济等专题讲座。为丰富提高楼宇工作人群文化活动品位和健康体质，嘉兴大厦联合党委利用社会和社区的资源定期辅导培训各类拳操和球类活动；西片世茂滨江党总支在社会互助进社区活动中，组织开展党员与社区困难家庭学生固定结对帮困助学，使爱心慈善活动经常化、制度化开展。明城大酒店把“迎世博·党员先锋行动”作为经常性活动来开展。三是工作联谊制度。为使“八进楼宇”服务周全、周到，使“两新”组织满意，街道部室和职能部门在进楼宇服务中，主动联系沟通并全过程参与，形成了良好的社区与楼宇、党员与群众之间指导和切磋的共建联谊关系。如中片96广场前阶段组织开展团体操舞展示评比，由于缺少活动策划组织和竞技比赛经验，街道党群部群众文化部室和社区文化活动中心就主动包揽了活动组织工作，并落实了辖区中学室内场馆和团操辅导的要求，使竞技比赛圆满成功。借助社会公共资源长航医院和潍坊社区卫生服务中心开展健康服务进楼宇，坚持数年定时、定点、定楼为楼宇工作人群免费开展医疗咨询和保健宣传，并形成了社区与医院良好的共建联谊机制。

“八进楼宇”工作本质上是将商务楼宇当作“竖起来的社区”，通过向楼宇社区提供服务资源，提升楼宇党员群众获得感，从而增强引领凝聚力量。街道编印菜单式《潍坊社区两新组织党建“八进楼宇”服务基地及资源一览表》发放到“两新”组织每个党支部，组织开展“八进楼宇”活动支部书记专题培训，通过对社区品牌特色工作的汇集、宣传、力荐、辐射、宣传到辖区楼宇“两新”组织和单位。沟通协调社区（街道）11 个职能部（室）及提供服务的社区单位等，免费向两新组织党员群众开放社区 15 个集活动、教育、观摩、咨询等综合性功能于一体的活动中心和场馆，提供累计近 100 项“八进楼宇”的具体服务活动项目。历经 20 余年发展，潍坊街道使社区在精神文明建设，社区建设管理，群众文化、体育发展、社区教育、科学普及、改善民生、社区党建等各方面都取得了显著成绩和可供借鉴的经验。这是社区宝贵的精神财富和物质财富。在努力构建区域性大党建格局、实现“两新”党建工作全覆盖中，将潍坊社区业已形成的品牌特色资源由传统的服务居民区为主拓展到服务楼宇“两新”组织，使社区资源发挥其更大的效能和效益，使社会和社区行政资源充分为“两新”组织党建和党员活动提供服务，较好构建了资源共享的社区党建新载体。

四、金领驿站的开拓创新

陆家嘴金融城是上海国际金融中心的核心功能区，截至 2023 年，31.78 平方公里区域内集聚了 285 幢高层楼宇（税收超亿元楼 113 幢）、4 万余家企业（5500 余家各类金融机构）、50 万楼宇工作人群（23 万金融从业人员）、1 万余名“两新”组织党员[1]。陆家嘴金融城作为上海楼宇聚集地，楼宇经济特征也非常明显。作为上海乃至全国的金融高地和人才高地，如何将党群工作与金融城建设有机融合在一起，全力服务自贸区和上海国际金融中心建设的国家重大战略，是陆家嘴金融贸易区综合党委肩负的重大使命和面临的重大课题。

陆家嘴金融贸易区综合党委作为金融城管理服务机构，在推进金融城经济发展的同时，高度重视基层党建工作，始终按照“企业在哪里、人在哪里、党建工作就覆盖到哪里”的党建理念，同时结合新时代的楼宇经济特征，建立了金领驿站这一楼宇党建阵地，使之成为党连接社会、引领社会、服务社会、凝聚社会一个开放的“精神家园”和“服务空间”。

2014 年 4 月 28 日陆家嘴金融城“金领驿家”成立，综合党委同步建立首批 25 支党员志愿者服务队，金领驿站走过了四个年头后的 2018 年 11 月，习近平总书记在上海考察期间，来到“中国第一高楼”上海中心大厦 22 层的陆家嘴金融城党群服务中心，视察陆家嘴金融贸易区综合党委建立的楼宇党建阵地。他充分肯定上海中心楼宇

[1] 杜晨薇：《楼宇党建和经济工作同频共振　陆家嘴金融城税收亿元楼达 113 幢》，上观新闻，https://m.jfdaily.com/news/detail?id=626356。

党建创新的有关做法，提出要紧跟时代步伐，积极探索新时代创新基层党组织的建设方式。金领驿站坚持“交流、服务、凝聚、引领”八字方针，切实为楼宇工作人群提供服务，从而形成有效的引领作用，让更多的楼宇工作人群精英能够团结在党组织周围，增强党组织的凝聚力。综合党委经过几年的探索与实践，已在辖区楼宇中创建了以上海中心为旗舰站的金领驿站站点40个，据不完全统计，几年来共组织开展各类主题活动3000多场次，累计实现服务党员、员工达35万余次。

（一）打造楼宇中的党群服务之家

位于陆家嘴金融城核心地区的上海中心大厦高632米，地上121层，总建筑面积57.6万平方米，相当于上海外滩万国建筑群的总面积，是一座“竖起来的外滩”，也是一个垂直社区。

2014年8月，陆家嘴金融贸易区综合党委引入社区共治理念，创建了陆家嘴“金领驿站”，通过场地免费使用、共用等方式，与不同类型企业合作，按照项目化管理签署合同，实现场地兼用、人员兼职。2016年上海中心开始运营，为了筹备金领驿站的建立，上海中心无偿拿出了588.7平方米面积，主动与浦东新区组织部、陆家嘴管委会合作，共同打造陆家嘴金融城党建服务中心——上海中心金领驿站旗舰站，探索共建共享的楼宇党建新模式。经过四年的不断探索，这一党建引领下社会共商共治的服务平台，已成为陆家嘴金融城党员和楼宇工作人群不可或缺的精神家园。经过几年探索已在辖区楼宇中创建了40个金领驿站，企业免费提供的场地就达2万余平方米。其中，位于上海中心大厦22层空中花园的金领驿站旗舰站面积达588

平方米，成为这一批楼宇党建空间设置上的领航者。

早在上海中心金领驿站创建之前，其楼宇党建的雏形在楼体建设期就有所体现。其一，空间建设中的多方协同。在长达八年的建设期中，上海中心从组建项目公司起，就提出了“小业主、大团队”的建设发展理念，并按照“搭建党建大平台，确保工程创双优”的建设要求，用“党建+”的思维和工作方法，整合500家参建单位，凝聚1万名建设者，参与工程大会战，确保了工程的顺利竣工。其二，经验借鉴基础上的服务整合。随着上海中心从项目建设转向运营，陆家嘴金融贸易区综合党委在学习静安区“白领驿家”先进党建做法的基础上，决定在陆家嘴金融城打造“金领驿站”连锁阵地，旨在促进新时期上海楼宇党建，创新基层党组织建设和新型特大城市社会治理的品牌。陆家嘴金融管理局负责同志认为，党建工作就是把党群团包括民主党派一起融合到这个圈子里，而中国共产党在其中就是发挥着引领作用。随着陆家嘴金融贸易区发展进程的不断深入，楼宇党建“由点到线”，突出了党组织的服务功能，从而进入2.0时代。

陆家嘴金融贸易区综合党委从2016年1月起专门设立金领驿站工作部，主要负责站点打造、资源对接和活动开展等各项工作。为保障上海中心金领驿站宣传工作，自2016年6月配置两名专职人员负责站点的接待和讲解工作，两名同事负责各类资源的对接和日常活动的组织工作，一名同事负责“陆家嘴金领驿站”微信公众号的推动和“金领驿站”期刊的编辑工作。2018年起，陆家嘴金融贸易区统战条线的新的社会群体日常联络和对接工作并入金领驿站工作部，新增两名统战社工配合相关阵地打造和活动对接工作。坚持职业化、专业化方向，把专职党群工作者纳入社区工作者职业管理体系，实行统一招录、统一管理、统一培训，提高专职党群工作者的专业水平和职业能力。实行三档十八级的薪酬体系，保障社工工资不低于上年度全市职工平均工资水平，极大提高了党群工作岗位待遇和队伍稳定性。同时，实行党务、工会、共青团、妇联社工“全岗通”制度，按照“下去一把抓，上来再分家”的要求，打造“一专多能、全岗都通”的专职党群工作者队伍，提高综合服务能力。

（二）金领驿站党建创新的功能拓展

2014年，上海市委出台“1+6”文件，提出在党建引领下，创新社会治理，加强基层基础建设。针对陆家嘴区域商务楼宇高度集中的特点，陆家嘴综合管理局围绕体制、机制、功能、载体、队伍五大要素形成区域化的组织架构、建立体系化的工作阵地、丰富整体性的功能定位、建设职业化的党群工作者队伍，深入推进陆家嘴金融城楼宇党建的发展与建设。实际上，金领驿站的建立初衷其实就是要吸引楼宇工作人群精英走进这里，促进交流，在服务中加强凝聚，在凝聚中实现党建引领和服务整合。在金领驿站建设之初，“交流、服务、引领、凝聚”的理念就一直是上海中心楼宇党建工作创新的核心和特点所在。

一是以区域化党建为抓手，在做强阵地上下功夫。做强阵地，关键是要集聚整合各类资源，形成党建的组合力。以陆家嘴金融城区域化党建促进会陆家嘴片区委员会为依托，联动20个理事单位和40多家会员单位，努力把各方面的资源都集中到上海中心22楼党建服务中心的平台上。在理念上突出共建共享，通过场地免费使用，活动联合开展等方式，打造开放性、集约化、共享性的党群工作平台，实现场地共享、人员兼职。在资源上积极对接政府、社会和楼内企业等各类主体，把分散的政策咨询、教育培训、文化健身等资源整合起来，形成漂流书屋、健身设施、医疗器械、妈咪小屋、会议场所、服务查询、爱心公益、典型引领、活动发布等基本功能，打造标准统一、功能齐全的服务阵地。仅 2018 年，上海中心金领驿站就接待和安排活动 518 场次，受益人员达 5 万余人次，成为楼内及区域广大党员群众乐于融入的“减压区”和“加油站”。

二是以促进发展为目标，在优化营商环境上下功夫。上海中心大厦设计建设和管理理念，就是要成为一栋“绿色、智慧、人文”的垂直社区。上海中心建设和管理者，一直秉持着这样的理念，践行寓建设于运营管理之中。党建的逻辑要和上海中心的功能定位相耦合。如今，上海中心不但引进了博物馆、打造了最高艺术殿堂，还不断探索具有上海中心特色的文化活动项目，不断以文化项目的引进和创新，打造上海中心的文化品牌，在建设文化楼宇中给楼宇工作人群带来快乐，陶冶情操，愉悦身心，优化服务环境。另外，上海中心金领驿站积极打造公益阵地，服务区域楼宇工作人群。利用 B2 层公共走廊，打造了一个公益文化长廊，近年来举办了近 20 场公益展览，如国际奥博会展览、国际国内摄影展览、改革开放 40 年展览、国际篮球文化展览等；还利用 B1 层、22 层等公共场所，每月举办如小型文艺表演、健康咨询、礼仪讲座等“公益一小时”活动，这些活动深受楼宇工作人群喜欢。每年动员楼宇内的企业积极参与陆家嘴自贸区工会组织的龙舟赛、足球赛等活动。上述活动中，其治理成效也是很明显的，上海中心的很多单位、企业以及楼宇工作人群等在交流中进行学习、在竞赛中不断提高、在运动中共享快乐、在参与中拉近距离，金领驿站也逐渐成为了一个凝聚中的“服务共同体”。

其一，活动为媒、划片分区，网络化中促进内源性参与。据上海市陆家嘴金融贸易区综合党委书记、陆家嘴管理局副局长薛英平介绍，金领驿站仅设立后第一年就举办了2000多场大大小小的活动，大的活动总共一年有40场，这40场大的活动，也都是由整个陆家嘴综合党委牵头的，涵盖了电竞、足球、篮球、羽毛球、乒乓球比赛、滨江跑步比赛、楼宇登高比赛、楼宇工作人群好声音比赛、金融知识竞赛等，还包括了从青年楼宇工作人群需求出发举办的相亲活动。更为重要的是活动之外的溢出效应也逐渐显现。比如，这些不同的企业单位之间逐渐开始建立了联系，有的还形成了商业模式上的合作和服务链条上的前后端。这就从更深层次上激发了企业单位参与空间建设和活动的积极性，党建也开始思考和学习如何将党建工作与企业的经营活动相链接，将党建转换为企业发展的一种新的生产力。

按照社区治理中的“网格化管理”的思路，金领驿站的党建创新也将下属的服务片区划分为10个片区，活动安排则主要是依托陆家嘴金融城下属的10个片区，由各自片区来组织，比如说，插花、烘焙、书法、园艺、剪纸等活动。只要是楼宇工作人群感兴趣的，综合党委就会尽可能组织安排。而组织安排的工作就依托于每个片区，目前，陆家嘴每个片区都成立了党组织、工会联合会、团组织，三个条线一起开展活动。

活动虽然丰富多彩，但并不是开展了就一定会有人积极参与，活动的参与度还在于活动的内容实际上是要深深扎根在楼宇工作人群的心里的，说到底在于活动是否与楼宇工作人群或企业的精细化的需求相匹配，这也是金领驿站党建创新中时刻在思考并不断走向精准的过程。比如2019年的庆祝新中国成立70周年，所有的表演，全是楼宇工作人群自发组织的。楼宇工作人群平时喜欢唱歌跳舞的，成立合唱队和舞蹈队；喜欢器乐的，专门成立器乐队。除此之外，这些团队在有大型活动时也会自愿自发进行表演。例如，举办楼宇工作人群好声音比赛会对前十名进行表彰，这前十名在开展大型活动时就会出来表演。为了鼓励楼宇工作人群的积极性，2018年还举办了第一届第二届楼宇工作人群好声音的pk赛，因这些楼宇工作人群本来就喜欢唱歌等活动，所以他们非常开心并且不计报酬完全自愿参与。这样的活动开展多了，交流也就多了，党的凝聚力就增加了。薛英平副局长也举了一个较为直观的例子。2015年，区委组织部为陆家嘴金融贸易区分配了40个党员发展名额。但彼时楼宇工作人群中写了入党申请书的却只有20几个，这样的话发展任务根本完成不了。经过了3年的创新发展，在2018年递交入党申请书的楼宇工作人群数量就达到了527个。对于这一变化，陆家嘴金融管理局负责同志也深有体会：

> 我们搞了两千多场活动，有人质疑，你搞党建你做这么多活动干什么，你不是在浪费精力吗。实际上呢，你没有这么多活动楼宇工作人群真的不知道你在干什么，他们就整天忙于自己的工作，但是你这样一旦活动出现以后，谁搞的？综合党委搞的，你把党的一些元素逐渐逐渐融合到这些活动当中，他自然而然就接受了，这就是一个潜移默化的过程。

其二，整体性服务与标准化配备，满足楼宇多层次化需求。陆家嘴金融管理局负责同志说，“我们现在都把自己称为‘陆小二’——

陆家嘴的店小二”。这样接地气的称呼不仅拉近了综合党委和楼宇工作人群之间的距离，也让楼宇工作人群认识到综合党委是全心全意为楼宇工作人群服务的。目前陆家嘴地区的金领驿站已经达到了40家，上海中心作为旗舰站位于上海中心观览视角最佳的22层。40家金领驿站中最大的占地面积1600平方米，超过1000平方米的有6家。金领驿站作为连锁阵地，除了具备足够大的活动场地这一优势外，每一个金领驿站都有着标准配备，打造功能齐全的服务阵地，满足楼宇工作人群全方位的需求。

第一，会议场所免费提供。楼宇里很多中小企业有党组织但没有活动场所，这是楼宇经济主体在逼仄的空间中面临的共同需求和问题。由此，金领驿站党群服务中心就具有了联系楼宇企业的一个切入口——提供活动的空间，并通过空间实现凝聚，即上海中心内的各类企业如果党组织的活动在办公场所无法进行的话，就可以选择每一栋楼宇内配备的金领驿站会议室进行活动，并且场所是免费提供的，但前提是该企业必须在会议室内进行有关党工团的活动，而不能作为日常办公地点。而这一活动空间的存在就提供了企业联系、互动的可能，也有利于党组织对楼宇中经济主体的精准服务。

第二，“微心愿”树立正能量。每一个金领驿站都会有这样一个电子屏幕，其中就有心愿墙这个模块。这个微心愿墙是浦东微心愿工程的一个窗口，综合党委根据楼宇工作人群特点，充分运用互联网+手段，以微信公众号、驿站二维码等多种方式开通认领端口。在这块屏幕上，楼宇工作人群们只需要“点一点”“扫一扫”两个步骤，就能帮助许愿人实现“微心愿”。红色的气球，显示的是已经被认领的心愿；粉色的气球，是未认领的心愿。并且“微心愿”也构成了现实中联动的“桥”，“你的心愿，我来满足”，在你来我往的互动中关系逐渐建立，资源也得以共享。中国共产党是弘扬正能量的代表，所以公益项目作为弘扬正确的社会主义核心价值观的手段之一，也发挥了联系群众、关爱群众的纽带作用。

除了微心愿，综合党委也积极地发布和举办一些大型志愿公益活动。例如浦东举办的为60—65岁的老人每天特供一袋牛奶活动，就由综合党委来发布，并且组织整个陆家嘴区域的企业、党员、个人全部一起来参与募捐，最后募集了170万元人民币，超额完成任务。

第三，内部整合，服务“楼门口”。金领驿站的服务也注重内部整合资源以实现自我服务。以上海中心金领驿站为例，楼宇中律师事务所较多，需求排摸也发现楼宇工作人群在日常工作和生活中经常遭遇纠纷，需要法律咨询服务。由此金领驿站就开启了需求侧和供给侧的有效对接。一方面，条分缕析整理楼宇工作人群需求类别；另一方面，多方动员整合楼宇中的律所开展基础性的咨询服务以及链接可能需求的差异化的精细化服务。负责人告诉笔者，2018年驿站与楼宇内大成律师事务所签约，2019年是汉盛律师事务所。每天在金领驿站的律师咨询点，都有律师来座谈，也都有楼宇工作人员过来进行咨询。只要楼宇工作人群中有法律上的知识盲点和疑惑，不管是家庭问题还是个人问题，只要涉及法律方面的，都可以和律师进行直接对话和交流，直接将服务送到“楼门口”。

第四，外部链接，心理疏导缓压力。在金领驿站中，还有一个较为隐秘的区域是金领驿站和上海心理协会对接的心理疏导点。楼宇工作人群收入高压力也大，所以在金领驿站内也设置了一块心理咨询缓解压力的区域。当代年轻人由于工作压力大，下班之后的时间很有可能就用来休闲放松了，也缺少和外界交流互动的机会。所以再回到之前所说的一年 2000 多场各式各样的活动，这些活动的举办初衷之一就是让楼宇工作人群缓解压力放松心情。

第五，健身学习两不误。每个金领驿站虽然面积不同，但肯定会配备跑步机等基础运动设施，面积大一点的会配备乒乓球台，再大的有屋顶足球场，尽全力满足楼宇工作人群的锻炼需求。除了身体的锻炼，陶冶情操也未尝不可。从金领驿站建立之初，就一直注重借阅图书的服务功能。目前金领驿站的图书点分三个部分，第一个是漂流书屋，第二个是电子终端的借阅，用一个手机，只要下载就可以随时随地阅读。第三个是纸质图书，目前楼宇里也在推进纸质图书的借阅服务。综合党委准备将金领驿站和浦东图书馆对接，几十万册藏书只要你扫二维码点单，工作人员就可以在 24 小时之内将书籍送到书柜，节省了楼宇工作人群的时间，更拓展了资源空间，提高了资源的使用效率。

第六，妈咪小屋温馨体贴。对于哺乳期女职工，金领驿站也为她们提供了一个私密空间以供不时之需。这样的服务是具有人文关怀、真正贴心，能够让人有感受度的。

除了以上六大功能之外，金领驿站还配有专业的医疗器械和服务查询以及活动发布等三项功能，从而打造了金领驿站以九项基本配备功能为一体的特色服务阵地。当然金领驿站平台所提供的服务远远不止这些。与第一个阶段相比，这一阶段楼宇党建的重点是“服务”，通过服务汇聚、凝聚楼宇中的不同经济主体，也通过服务进行资源的整合、联动，继而实现党建对新经济组织、新经济空间的引领。

陆家嘴金融管理局负责同志认为，既然金领驿站是党群服务中心，那么就一定是全方位的服务。所以除了基础服务这一块，只要楼宇工作人群有公共性的需求，综合党委就链接资源、进行服务整合和集成。一是拓展服务的空间和链条，将楼宇工作人群工作之外的需求以及辅助工作的需求以楼宇为中心进行集中提供和满足；二是聚焦楼宇工作人群和楼宇的具体对象和空间，展开服务供给侧的创新和重组，满足群体化的、共性的需求。除了依托金领驿站平台在楼宇内开展的各项服务，综合党委还在楼宇空间外，楼宇工作人群日常生活中提供了人性化的服务。比如位于楼宇内的楼宇工作人群食堂，自建立之日起一直备受好评。楼宇工作人群食堂的饭菜价格控制在 15 元到 35 元之间，在寸土寸金的陆家嘴地区可以说是性价比很高了。除了交通和饮食，综合党委还扮演起了“保姆”角色。有楼宇工作人群提出，因工作孩子在暑假期间没有人照顾，实际上目前社区托育服务供不应求，确实是一个亟待解决的社会民生问题。综合党委考虑到了楼宇工作人群的实际困难，专门租用场地，开展暑期的托育服务，并且聘请专业的老师来辅导。楼宇工作人群提出来看病难、配药难，综合党委则与浦东新区的三甲医院协商合作，在楼宇内部设置药房，楼宇工作人群下班直接刷医保卡就可以拿药走人。薛英平副局长在谈论到综合党委为楼宇工作人群提供服务的过程时，也袒露在沟通协调过程中遇到的困难也很多，但是党的工作就是全心全意为人民服务，所以要最大化地发挥党的协调引领作用，做实为楼宇工作人群的服务，实现凝聚功能。

其三，党群联动、多策创新，服务中凝聚人心。楼宇中的群体更多的是非党员群众，党员的比例并不高，这就意味着金领驿站的工作重心和工作方法不能仅限于党员和党组织，要将更多的非党员群体纳入服务的范畴中来，不然，金领驿站就失去了其本真的意义，而作为“静悄悄革命”的楼宇党建的价值和意义也会被限定和低水平重复。由此，金领驿站在建立之初，就意识和注意到这个问题。楼宇服务若是只针对党员群体，楼宇内不是党员的楼宇工作人群就不一定来参加，所以现在要加强党群联动的力度，使得金领驿站所有的活动党员和群众都可以参加。并且党群联动后，比如瑜伽、羽毛球等兴趣活动社团，这些组织一旦建立，那么在开展活动的同时也会成立相应的临时党支部，并且要让党员在其中发挥好管理和引领作用，有什么困难问题也要及时和综合党委进行协调解决。

而金领驿站的策略就是“三同步全覆盖”。具体来说，三同步指的是企业入驻楼宇时同步联系、同步进入、同步建立党组织。全覆盖是指党建功能全覆盖，三人以上组建支部，三人以下组建联合支部，没有党员的派党建联络员。现在陆家嘴金融城没有党员的企业也不在少数，那么就动用物业当中的党员去进行对接。因为物业是最有条件的，天天楼上楼下跑，和楼宇内的企业也互动频繁。由此，物业与企业之间也建立了一种紧密性的联系，每个物业党员覆盖五家企业。凡是党建联络员，综合党委也会发放一些补贴，提高了物业联络员的积极性。

为了做到三同步和全覆盖，2018 年综合党委还与没有党员的企业签了一份协议，综合党委承诺企业内部有优秀的员工可以将其发展成党员；企业方也做了承诺，今后在招聘的时候会注重招聘党员身份的员工。这也是综合党委创新的做法和模式，所有的企业员工数量多少，党员数量多少，都是有据可考的。但与此同时，金融城企业流动率较高的问题也是三同步全覆盖工作推进的难点，三个月不去走访企业，说不定这家企业就已经离开了。所以成立楼宇促进会的一个目的也在于建立物业和综合党委之间的联系，每个月开一次联席会议，楼宇的物业要进行沟通，并且说明哪家企业离开，哪家企业入驻。及时了解企业的进出动态后，才能更好地开展党务工作并满足各式各样的需求。目前，辖区内的企业只要有进出的动向，物业党员就会及时向综合党委汇报，随后信息转发通知给下属的十个片区，进来的企业进行党员关系对接，出去的企业则进行转走党员关系的程序。

交流服务的目的在于要把楼宇里所有的党组织或者是经济组织、行政组织凝聚起来。而更难的则属如何凝聚人心，为此综合党委推出了“双培工程”。陆家嘴金融城内有大量的“两新”企业，而这些企业也有一个特点，党委下派党支部书记进入企业，这些企业有时候并不乐意接受。所以综合党委则想到了“双培工程”这一创新方式，即把党员和骨干互相培养。首先，综合党委考察企业内部的中层或者高层，若是符合条件，则可以发展成为党员，或者发展为民主党派的党员。其次，把党员培养成企业骨干。如此一来，大家就会认识到紧跟党组织的步伐，在事业上、业务上也是大有裨益的。就目前情况来看，经过综合党委“双培工程”发展的党员或民主党派人士基本上是紧紧跟着党组织的脚步前进的。陆家嘴金融管理局同志也向我们详细叙述了“双培工程”的核心理念和目的所在。例如企业内部的某个员工本来只是个普通党员，他可能会担任支部书记，但在企业内部支部书记不一定就是中层或高层。这个时候，如果综合党委有的放矢地对这些党员进行培养，就能够提升他本人在企业的发展前景，也有助于增强党组织负责人在企业内部的发言权。现实当中，企业一旦落户在陆家嘴金融区，通常都会第一时间与管理局取得联系，希望可以和政府进行对接。但是，综合党委通常不会直接接受企业高层的来访，而是会要求相关工作人员先就相关事项进行前期接洽。而这个员工往往是企业内部的支部书记或是工会主席，当非企业中高层的非公企业党组织书记来接洽的时候，对于他们提出的需求综合党委必然全力支持。这样一来，该员工在高层眼里是接地气的，并且能和当地政府“说得上话”，于是他在企业内部的话语权也得以提升。另外，当高层领导去企业走访的时候，综合党委也有的放矢让支部书记或工会主席陪同，久而久之，企业高层就会认为这个员工在当地跟政府是能说得上话的，有利于企业在当地扎根和发展。

除了上述工作之外，党员积分制也是目前金领驿站党建工作创新的特色之一，也是凝聚力的体现。现在对党员的要求不能像对楼宇工作人群要求一样，党员必须要有自己的积分卡，所有转进来的党员一进来就会获得一张积分卡，叫党员先锋卡。这张卡的作用涵盖了党员生活的方方面面。除了缴纳党费的基础作用外，开展活动的时候凭借这张卡也是可以获得福利的。比如，党员凭借这张卡去楼宇工作人群食堂吃饭，会打对折。再比如，上海中心楼下的咖啡店，凭这张卡去购买也可以打折。除了饮食上的福利，党员活动积分超过 100 分的先锋党员，其卡会被汇报到上海中心的朵云书院，进而享有 200 元的书券。综合党委就通过这样一种模式，把党员管理起来，并且这样的管理模式和楼宇工作人群的管理是完全不同的。在推行党员积分制的过程中，也有许多社会企业愿意参与党员先锋卡和积分的活动。党员积分制在提供福利的同时也做到了对党员参与活动积极性的一个督促，一年考核下来不满 60 分的，要回党校继续培训。所以，这些是综合党委真正把楼宇工作人群党员凝聚起来的一些手段，但最后的落脚点还是在引领。

其四，岗位立功、四大品牌建设，凝聚中有效引领。经过了交流、服务和凝聚后，最重要的工作还是要发挥中国共产党强大的引领作用。要提倡正能量，所有的党员要在工作当中发挥先锋模范作用，所以在党员积分制里面有一块内容叫岗位立功。什么是岗位立功，第一党员必须要评选到先进，拿不到荣誉怎么办呢，党员必须向本企业建言献策两条，有行政盖章，则可以给党员积分。如果没有拿到企业的先进模范等，必须每年跟企业提供两条建言献策，不然就没有积分。企业采纳不采纳是另外一回事，党员提了建议以后，只要行政方认为党员提的建议还有点道理他会敲个章。党员是先锋是引领，必须要做到这一条。

此外，为了更好地发挥引领作用，除了三八红旗手、巾帼标兵等普通的表彰之外，综合党委有针对性地设置了四大品牌："海归精英""金融之星""杰出青年"和"党建之友"。首先，为什么设置"金融之星"这一奖项，因为陆家嘴是金融城，有7000多家金融企业，汇集了大量的金融精英和人才。所以综合党委在评选金融之星时，楼宇工作人群非常踊跃，几乎所有的金融企业都想获得金融之星这个荣誉。再比如说海归精英的评选，整个陆家嘴地区50万楼宇工作人群里面百分之三十是有海外经历的。综合党委楼宇党建的目的之一就是要吸引这些海外人士回归祖国，为祖国的繁荣发展做贡献。其次，"十大杰出青年"的评选也非常热门。区域内的50万楼宇工作人群的年龄基本上都是在25岁到45岁之间的，每个人都有条件评十大杰出青年，所以楼宇工作人群都非常踊跃。当初在刚刚发布评选信息时，楼宇内各家企业都很积极。通过各种渠道来联系评选工作组，希望自己企业的员工能够获得这项荣誉。而这样积极的后果则是评选的工作组犯了难，最后设置了十个入围奖，十个提名奖和十个杰出青年，总共三十个奖项。评选组认为“十大杰出青年”的评选必须要名副其实，具备引领作用，所以即使很多企业都并不满足仅仅有三十个奖项的设置，评选工作组也不会另外增加奖项。评选杰出青年的初衷就是为了能够让优秀的人才在企业、在社会上发挥一定的引领作用，所以一定是要好中选优的。最后，为什么要设立“党建之友”。实际上，陆家嘴地区除了有众多的国企和民营企业，外资企业也不在少数。外企在企业文化和组织架构等方面不同于国企和民企，所以针对这些特殊的跨国企业，综合党委决定为他们设置“党建之友”的奖项。只要企业对党组织的工作认可并支持的，就会为之颁发一个“党建之友”称号。原本综合党委认为这个奖项的设置可能对党建的作用并不大，但后来发现情况并不是这样。当时在上海中心有一家日资企业的负责人，综合党委在走访的时候这个企业的负责人就把这个奖牌放在橱窗里面，并且有客人来参观就会介绍说“我是共产党的朋友”。所以，“党建之友”在外企中发挥的党建引领作用也是不可小觑的。

第三节　楼宇党建的创新与升级

从 1.0 时期的楼宇党建向 2.0 时期的楼宇党建跃升，绝不仅仅是一个时序概念，而是意味着党建理念、党建形态、党建功能、党建方式等诸多方面的创新与升级。

一、从单纯的政治性党建到更加突出楼宇党建的社会性

首先，楼宇党建的社会性体现在扎根社会。将党建的阵地放置于其中的经济社会空间，是与政治空间和基层场域明显不同的一个场域。就上海中心而言，这更是一个全新的“时尚空间”和市场社会空间。上海中心由上海城投（集团）、上海陆家嘴开发公司和上海建工集团共同投资开发。作为上海国资国企的一个代表，上海中心在筹建之初，在城投集团党委直接领导下，用“党建+”这个平台，整合了500家参建单位，凝聚了万名建设者参与工程的大会战，确保了工程的顺利竣工。大楼建成之后，向世界展示的是上海这座现代化国际大都市的经济实力和科技水平，展示上海的城市精神，要成为城市经济发展的新航标。进入运营期的上海中心依然秉承着打造绿色、智慧、人文的国际一流精品工程的信念，积极探索建设符合运营特点的党建工作平台，提高党建理论水平、激发党建创新思路、充分利用国企党建服务资源，着力把上海中心打造成有温度的垂直社区，不断体现国企的社会责任。上海中心金领驿站站长黄伟国在提到国企社会责任时也说：“拿出来做党建是下了血本下了决心的，也体现了我们国有企业的社会责任感。也体现了上海中心打造绿色智慧人文的决心。这也是一个思想解放的过程，大家都在做一个开创性的东西，没有标准答案，也没有领导的安排，大家都是一个创造的过程。”陆家嘴寸土寸金，多年来场地缺乏是开展党群工作的瓶颈。为解决这一难题，综合党委坚持区域化大党建理念，发挥市场主体作用，将行政、社会等资源引入楼宇与企业对接，采取主动联系和争取区域内党群工作基础

好、有社会责任感的企业等市场主体共同参与，走市场化与社会化相结合的道路。通过场地免费使用、共用等方式，与不同类型企业合作，按照项目化管理签署合同，实现场地兼用、人员兼职。

其次，在服务中加强凝聚，楼宇党建的社会性还体现在服务社会。即通过社会化服务进行引领，进而在服务引领中实现党建整合。在现代国家，执政党越是掌握着社会基础和社会资源，社会动员能力就越强。上海中心楼宇党建充分发挥陆家嘴金融管理局的平台资源优势，为金融城楼宇工作人群提供了各式各样人性化的服务，发挥了服务社会的功能。楼宇作为众多“两新”组织的栖息地，聚集着大量的楼宇工作人群精英，也正是他们使楼宇成为了创造财富和蕴藏活力的地方。但与此同时，楼宇是“竖起来的社区”，楼宇工作人群拥有不同的价值观和文化信仰，也有着复杂的需求。如何在人口密集、利益关系、文化观念复杂的楼宇内实行有效的党建工作，确实是目前的难点。但中国共产党的宗旨一直是“全心全意为人民服务”，在大党建的格局下，“服务”才是凝聚人心形成有效引领的最有力手段和途径。

一是延伸拓展“金领驿站”的核心价值引领、党群需求服务、员工成长成才、合法权益维护、休闲交流联谊的“五大平台”，以探索“志愿者团队”“文化团队”为载体，在服务楼宇工作人群，引导其自主参与各类团队活动中实现共商共治。二是满足企业、党员、楼宇工作人群多元需求，实现项目化的精准服务，形成了政府职能部门、各类社会组织、企业、社区、员工等多元主体参与的公共事务和社会服务体系，建立双向认领机制，形成需求、资源、项目清单，通过线上线下各种方式，几年来持续收集汇总楼宇党员群众六大类需求和资源清单，既解决了党员、楼宇工作人群的个性问题，也解决了有关金融城营商环境的共性问题。三是通过10个党群工作站，深化“交流、服务、凝聚、引领”四大功能，坚持“三个同步”，即企业入驻楼宇时同步联系、同步进入、同步建立党组织；坚持“党群联动”，即党建带工建，党建带团建，党建是引领，工建、团建是基础、是桥头堡；坚持线上线下互动，丰富服务方式。“陆家嘴金领驿站”微信公众号已推送各类信息约2000余条，阅读点击量逾50万余人次。通过“驿站报道”“驿站分享”等栏目及时发布各类活动信息。几年来通过季刊《金领驿站》杂志的“金领风采”“金领人物”“金领心声”等栏目，宣传基层党群活动信息以及金融科技等行业领军人物的事迹300余篇；2017年在微信公众号通过h5、PPT形式，推出“两优一先”128期，着重介绍金融城先进党组织、党支部书记、优秀共产党员的先进事迹，弘扬主旋律、展现新风采，实现价值引领，凝聚正能量，在金融城企业中引起很大反响。同时，积极关注楼宇工作人群的业余生活，在微信公众号上及时发布“驿站分享”“驿站食·汇”“驿站玩·聚”共计283期，受到楼宇工作人群喜爱，关注度不断上升。四是通过建立金领微驿站的形式，开启了精准化、便利化的服务模式，目前通过微驿站为楼宇工作人群服务的项目多达十几个，包括政策解读、法律咨询、远程诊疗、心理疏导、爱心公益、电子图书、驿站福利、就业服务、活动报名等，今后还会推出更多的功能为楼宇工作人群提供更加优质的服务。此外，综合党委还针对金融城楼宇工作人群不断变化的各类需求，打破固有思维，拓展思路，依托金领驿站积极为楼宇工作人群提供各类有趣有益的活动以及各项服务，如从2016年起，通过“双向认领”清单，在金融城开通了6条短驳线路共计 38 辆巴士，为楼宇工作人群切实解决上下班的交通问题；开通多个楼宇工作人群餐厅，解决楼宇工作人群吃饭难吃饭贵的问题；通过开通中心绿地微医院，解决楼宇工作人群就医取药等问题，这些较之以往延伸的服务项目，深受楼宇工作人群欢迎。据不完全统计，受益楼宇工作人群近 400 万人次。同时还通过组织岗位练兵活动，举办各类专业知识以及提升综合素质等方面的讲座，促进员工成长成才。例如，2015 年以来，连续多年举办陆家嘴“金融城杯”劳动竞赛暨知识擂台赛，金融城多支精英代表队争雄逐鹿。根据楼宇工作人群需求，举办足球等四大球类比赛，举办庆祝“七一”“十一”楼宇工作人群歌咏会、组织“楼宇工作人群好声音”歌唱比赛等，既丰富了员工业余文化生活，又营造提升了陆家嘴金融城的文化氛围，有力地助推金融城的文化进步。

最后，在凝聚中实现政治引领，楼宇党建的社会性还体现在引领社会。即楼宇党建服务对楼宇工作人群党员、党员骨干、企业精英以及潜在积极分子的充分吸纳和动员。不管是党员积分制中的“岗位立功”，还是“四大品牌”的创立，都体现着党员楼宇工作人群在群体中发挥引领作用的必要性。党的先进性最终要靠党员的先进性来体现，共产党员的先进性不仅是党保持长期执政的坚实基础，更是党带领全国各族人民完成中国特色社会主义事业和实现中华民族伟大复兴的重要力量保证。截至 2018 年年底，已在陆家嘴 68 幢商务楼宇中建立起党组织 284 个，覆盖党员 9000 余名，实现了党的组织和工作全覆盖。其一，整合引领群众团队，同步建立活动型党支部，先后成立了“悦读”、舞蹈、朗诵、投资理财等 16 个活动型党支部，通过党的组织实现各团队在各项活动中的引领。其二，是发挥组织育人功能，实施“双培工程”，即把骨干培养为党员，把党员培养成骨干，实现对精英人才的政治引领。2017 年到 2018 年上半年已有 23 名骨干发展为党员，20 名党员培养为企业骨干。这几年来，共有 323 名骨干加入党组织，140 余名党员成长为企业骨干或高管，为培育社会治理现代化专业人才提供了实践路径。其三，在非公金融企业中开展评选十大“党建之友”、十大“金融之星”、十大“海归精英”、十大“杰出青年”等活动，实现党的工作全覆盖。经过 2016 年、2017 年连续两届的评选，在金融城发挥了很好的示范效应，带动了一大批楼宇工作人群青年向党组织靠拢，有的已经光荣地加入了中国共产党，有的成为入党积极分子。

二、从主要由组织部门推动到各部门各条线广泛参与，更加注重楼宇党建的整合性

一是项目的空间整合。金领驿站在服务空间中整合了政府、社会、企业等各类优质资源，提升阵地服务功能，打造了集漂流书屋、健身设施、医疗器械、妈咪小屋、会议场所、服务查询、爱心公益、典型引领、活动发布等 9 项基本配备功能为一体的服务阵地。陆家嘴 40 个实体金领驿站及其 9 大类基本配置，是金融城党员楼宇工作人群 40 个温馨的“家”，作为有一定知名度的平台和载体，金领驿站在服务党员和楼宇工作人群、凝心聚力、同商共治、政治引领等方面发挥了积极作用。

二是渠道的技术整合。陆家嘴金融区综合党委以“线上线下”平台为载体，根据楼宇工作人群青年特点，充分运用“互联网 +”手

段，以微信公众号等多种方式开通认领端口，成为面向区域内所有党组织、党员和群众全方位开放，服务和指导功能兼备，实体和虚拟形态相结合的党建工作重要载体，构建起党与社会相连接的“枢纽型”平台。线下，以区域化党建为主导，充分整合区域内外的各类资源，加强与区域内有关职能部门、驻区单位、社会组织的联动，以互利共赢为出发点，使党建工作阵地真正变为各种资源集聚的大平台。线上，把互联网与金融城非公企业党建工作有机融合起来，积极利用“党建 + 互联网”的工作模式，充分借鉴互联网“以用户为中心”以及“开放、共享、共赢”的理念，把这些理念运用到党建工作中去。

三是资源的跨时空整合。为深化拓展金领驿站这一平台的运作模式，提升其服务功能，综合党委创新了另一个服务载体——金领微驿站。金领微驿站致力于打造一个更加多元化的服务空间，目前已开通政策咨询、党员服务、云医院、电子图书、微心愿、活动发布、法律咨询、工会福利、便民咨询等多项功能。例如通过微心愿窗口可以对接“浦东党建”的微心愿终端，搭建一个人人能够参与的“微心愿”公益平台，通过微信“扫一扫”的方式，线上认领心愿，线下实现心愿；对接浦东新区各政府部门的政策服务窗口，可为楼宇人群提供便捷的政策信息咨询服务，包括落户、人才公寓申请、子女入托入学、就医等众多项业务；通过“远程问诊系统”与陆家嘴中心绿地的东方医院全科医生进行视频问诊，再到中心绿地取药、医保卡支付等。下一步，“金领微驿站”将入驻金融城的多个楼宇，为楼宇工作人群提供更多更加便捷的服务项目。

三、从少数街区的零星实践走向楼宇党建的品牌化建设

上海中心体量巨大，楼宇中业态多元，楼宇中近80家租户中只有3家是国企，九成多是非公有制企业，既有JP摩根这样国际顶级金融机构，也有Wework这样新兴联合办公企业，此外有一定数量的外国和港澳台人士。每天的工作人员、租户、访客、观光客、购物和餐饮客约3万人流动。如何在服务中加强凝聚，在凝聚中实现政治引领，以一种"润物细无声"的模式创设一种楼宇党建的服务品牌，以实现可复制、可推广，这是上海中心楼宇党建亟待深化与拓展的课题。

一方面积极营造楼内垂直文化氛围，引进了博物馆、打造了多个艺术空间和世界级最高艺术殿堂，进行多项文体艺术活动展示，不断以文化项目的引进和创新，打造上海中心的文化品牌，给建筑注入新的灵魂和生命。另一方面，从2016年年初开始，以区域共治的理念，依托陆家嘴金融城服务中心——上海中心金领驿站旗舰站这个平台，和中共一大会址纪念馆、浦东干部学院、地铁第二运营公司、世博展览馆、东方卫视、武警浦东支队，以及浦东新区各相关单位进行了共商共治、共建共享，着力提升大楼服务水平。目前金领驿站集多种功能于一身。从中国传统年俗文化到上海城市历史的新书发布会，从陆家嘴三高的歌唱比赛到外国艺术家的献艺，从医疗保健咨询到为单身楼宇工作人群组织的交友活动，从2016年开启活动以来至2018年底的两年多时间内，党建服务中心就接待和安排活动518场次，受益人员达20余万人次。比如，上海中心知名公益活动"午

间一小时”就是与党建服务中心合作，仅在2018年就举办了22场活动，涵盖艺术鉴赏、音乐演奏、手工创作、民俗文化、体育互动等。这些活动还走出22楼，来到上海之巅观光厅、少女艺术空间、公共艺术长廊等多个区域，不仅吸引了广大楼宇工作人群、游客和市民，还成为了新思想实践课等主题教育的重要载体，形成了良好的品牌效应。

上海中心大厦对招商引资一直有着自己的“门槛”：进驻大厦的企业一定是符合陆家嘴金融产业发展需求的，比如金融、保险、法律服务等，同时在各自的行业内具有品牌影响力。上海中心大厦党群服务中心金领驿站的共建单位——陆家嘴金融管理局在大厦的招商引资过程中，给予政策方面的支持，对引进优质企业发挥了重要作用。而上海中心大厦党群服务中心金领驿站从成立之初就明确了要与大厦的运营同步、服务同步、发展同步，在提升服务、加强凝聚的同时，进一步加大功能开发力度，助推上海中心大厦的品牌形象，实现品牌效应与经济效应的合奏共鸣。在2018年习总书记考察上海中心大厦的第二天，德和衡律师事务所就来谈入驻签约事宜，事务所负责人明确表示，看重的就是上海中心大厦的品牌效应。

在建设好党群服务中心的同时，上海中心大厦努力打造上海服务、上海文化的品牌，通过营造良好的营商环境，促进经济的发展。上海中心大厦设计建设和管理理念，就是要成为一栋“绿色、智慧、人文”的垂直社区。大厦的经营管理团队不断探索具有上海中心特色的文化活动项目，在建设文化楼宇中给楼宇工作人群带来快乐，陶冶情操，愉悦身心，优化服务环境。由此，金领驿站已成为上海楼宇党建的一个特色党建服务品牌项目。

第四节　小结与讨论

上海楼宇党建始于1999年嘉兴大厦“支部建在楼上”，致力于解决党员“找不到娘家”以及缺乏党组织活动空间的难题，以党务为本是这一阶段的核心特征。在上海楼宇党建1.0版本中，楼宇党建最大的难题在于“难进入、难扎根”。党员不愿意亮出身份，何谈党组织的建立。首先，党组织过“进门”这一关就有很大难度，一些企业负责人依然对楼宇党建的工作持有怀疑和抵触情绪。在楼宇党建工作进行时，也大多是应付的态度，没有从内心加以认同，更谈不上主动配合地方党委的党建工作了。其次，那一时期的楼宇党建还面临着人才流动性大、职能部门不协调、队伍建设滞后以及场地和经费不足等问题，这些都是牵绊楼宇党建顺利进行的痛难点所在。

作为新生社会空间的商务楼宇除了承担起了经济发展的功能，更成为了为楼宇内工作人群服务的载体之一。商务楼宇一般在城市的经济核心圈，商务楼宇较为集中的区域，商务楼宇内职业群体人数远远超过街道常住人口。但是大多数的商务楼宇是一个相对封闭的场域，与所处区域的社区互相隔离，造成两个社区的群体处于陌生社会中。商务楼宇内的职业群体对所在社区缺乏认知，社区参与较少，与社区居民缺乏互动，鲜有参与所在社区的公共活动，同时企业资源难以辐射到社区，与社区存在较大隔阂。商务楼宇作为商务经济中心，大多追求经济利益，缺乏作为社区共同体的角色发挥功能，只是纯粹物理空间意义上的商务楼宇，对于社区居民而言也是秘密空间，各类连接网络的断裂使得商务楼宇成为“空中孤岛”。此外，职业群体内部差异大，需求呈多元状态，职业群体之间沟通互动少，呈离散状态。[1]商务楼宇的业主通常把企业和职业群体看成是他们的管理对象，在商务楼宇治理过程中忽视了他们的能动性，没有搭建他们协商议事的平台和开辟参与的途径，导致在基层社区治理过程中，难以形成合力，治理缺乏新生力量。

随着陆家嘴城市化进程不断深入，楼宇党建“由点到面”，突出党组织的服务功能，从而进入以“送服务”为核心的2.0时代。进入2.0时代后，依托于区域化党建的概念，街道在各个楼宇内开始建立党群服务中心。这一时期的楼宇党建注重在交流中提供服务，在服务中实现凝聚，在凝聚中形成有效的政治引领。和1.0相比，楼宇党建创新基层党组织建设方式，转变角色定位。新时期，我国社会治理也从行政性政府转向服务型政府，党建工作也随之改变。相比1.0版本，2.0版本的难度已经不仅仅在于进入楼宇困难，而在于楼宇内楼宇工作人群价值多元，企业股权结构复杂，企业文化多元。在楼宇构成如此复杂的情况下，仅仅以目的导向的方式进入楼宇进行党建工作显然是行不通的。在这样的条件下，党组织要进行功能拓展与活动方式创新，才能达到最终的党建效果。

[1] 汪鸿波、费梅苹：《“经济楼宇”迈向“社区楼宇”：城市商务楼宇社区治理的现实困境及消解策略》，《中共福建省委党校学报》2019年第4期。

第五章
治理创新模式：党建引领楼宇社区自治共治

习近平总书记多次强调，要主动适应城市群体结构和社会组织架构的变化，推进基层党建工作创新。《关于加强和改进城市基层党的建设工作的意见》明确要求，扩大新兴领域党建有效覆盖。创新党组织设置和活动方式，依托物业服务企业、产权单位、骨干企业等建立楼宇党组织；依托街道、市场监管部门、协会商会或产权单位建立商圈市场党组织；依托各类园区建立党建工作机构，推动入驻企业单独或联合建立党组织；依托行业监管部门建立行业党组织或行业协会党组织，统一管理律师、会计师等行业党建和重点互联网企业党建工作，不断提升新兴领域党的组织和工作覆盖质量。在上述精神指引下，上海城市基层党建也进入新的历史发展阶段。上海市各区各街道紧扣中央和市委有关精神，立足辖区实际情况，主动适应城市基层党建和社会治理的新形式，锐意创新，不断突破，助推新时代楼宇党建工作转型升级。楼宇作为一个要素集聚的社区，天然就有大量的治理需求。面对新情况、新问题，上海主动求变，在“建组织”“送服务”的经验基础之上，不断探索新时代楼宇党建新模式，开辟了以“做治理”为核心的楼宇党建 3.0 阶段。在这个阶段，上海多个区的商务楼宇中涌现出楼宇促进会、楼宇议事会、楼宇联席会等跨条线、跨领域的综合性治理平台。

第一节　以治理思维拓展党建功能

随着楼宇经济持续发展，商圈楼宇体量不断增加、党员规模不断扩大、“两新”组织不断涌现，“支部建在楼上”模式逐渐面临群众难动员、活动难组织、资源难共享等问题，客观上对楼宇党建转型升级提出了新要求。同时，前期“建组织”“送服务”的党建模式，也日益显现出边际效应下降的趋势。如何进一步推进楼宇党建走深走实，真正通过党建引领将楼宇要素的积极性激发出来，团结带领楼宇“两新”组织和党员群众解决楼宇社区面临的共性问题，成为摆在基层政府面前的新问题。一些楼宇党建基础较好的街道开始探索以“做治理”为核心特征的党建新模式。以潍坊新村街道的相关做法为例，街道以“众筹”思维整合治理资源使楼宇社区的有机性、积极性得以提高：

一是明确治理难题。潍坊新村街道地处陆家嘴金融贸易区，面积 3.89 平方公里，因世纪大道地铁站周边繁华的商圈、便捷的交通、核心的区位等优势，区域内集聚了大量企业、商户和职工。现辖区内各类商务楼宇 69 幢，驻楼企业达 6000 多家，以商贸、现代服务和金融企业为主。东方路以东区域，世纪大道两侧为商务楼宇集中区，“两新”组织和高素质楼宇工作人群集聚。我国第一个楼宇党支部“嘉兴大厦”楼宇党支部就位于街道东部片区。街道中部区域则以居民小区为主，共分布28个居民小区，且多为20世纪80、90年建造的老小区。西部片区濒临黄浦江，为商务楼宇和高端商品房小区混合形态。因此，街道楼宇党建的主阵地为东部片区，但中部和西部片区“双楼联动”的需求更加突出。综合来看，潍坊新村街道楼宇党建发展至今取得了一系列显著成果，但在广度和深度上遇到了瓶颈。第一，突出表现在党建与公共服务资源“难落地”和群众需求“难对接”的问题并存。一方面，街道有许多公共资源可以服务于楼宇工作人群，服务于市民，但苦于没有对接渠道和空间；另一方面，商圈楼宇有大量尚待进一步开发利用的空间，有吸引人流的需求，但苦于缺乏组织动员体系和服务项目注入。如此一来，街道资源、社会需求和楼宇空间成了难以交叉的“平行线”，楼宇党建升级的突破口就在于，找到一个契合点，将街道、社会和楼宇商圈的资源与需求“捏合”起来。第二，党建基础和党建资源不均衡，企业性质的差异也对党建活动产生不同的期待。如，西片区企业多数带有半政府性质，党建活动较为传统，以思想教育类和公益慈善类活动为主；东片区以金融、计算机等新型企业居多，党员群体较为年轻化，除常规的党建阵地建设和活动外，对党建活动与业务提升相结合的需求空间较大，且企业内部尚有一些资源可供挖掘。第三，楼宇工作人群参与党建活动的意愿和积极性受到各方面制约。经过深度走访发现：常规的线下党建活动受时间因素影响较大，难组织，多数党员心有余而时间不足；大部分已有楼宇党建工作的顺利开展很大程度上依赖党支部书记或支部委员的个人能力和人格魅力。第四，部分企业也存在对楼宇党建工作不了解、不重视甚至是对调研工作不配合等问题。部分已经建立党组织的“两新”组织，对党建工作的重要性认识不到位，满足于保持党员身份、按时交纳党费、象征性参与几次组织活动的层面，对于区域化党建存在敷衍心理，没有真正从精神上认识到基层党组织建设的重要意义。

二是摸清资源底数。潍坊新村街道开展楼宇党建，具备较好的资源存量基础。首先，街道楼宇党建工作起步早，积累了较为丰富的经验。1999年6月，新中国第一个楼宇党支部——嘉兴大厦党支部——就在潍坊街道嘉兴大厦应运而生了。这是一个带有里程碑式的基层党组织，“支部建在楼上”的模式，打破了长期以来单位党建和街居党建的固有模式，开创了楼宇党建组织设置方式创新的先河。这一基层党组织创新模式也较早地被复制到街道其他楼宇当中，为当前的楼宇党建转型升级奠定了良好的组织基础。其次，街道长期以来注重服务基层，形成了较为丰富的党群工作资源与项目清单。调研发现，目前街道已经在党群服务方面形成了四个大类、近50个小项的资源项目清单。具体包括：（1）课程讲座类，涉及情境党课、书记沙龙、书香里的信念、老年学堂、科普讲坛、职工周末学校等14个类别，内容涵盖党建、文化、慰劳、职业培训等各个方面；（2）文体活动类，涉及红色电影、高雅艺术、体育竞赛、摄影曲艺、劳动技能等方方面面；（3）公益项目类，涉及亲子教育、微心愿、便民服务、职工帮困等许多内容；（4）咨询服务类，涉及党务咨询、妇女儿童权益保护、心理健康咨询、法律法规咨询等群众关心的事项。这些资源为新时代的楼宇党建创新奠定了扎实基础，特别是这些资源和项目背后，往往还隐藏着一支支骨干团队、一位位基层达人。第三，街道特别注重共建共治共享，发掘培育了一批热心基层党建、社会治理和社区公益事业的驻区单位。除“1+6”改革后全市各街道普遍配备的“六中心”以外，街道还在长期的基层党建和社会治理过程中注重多方联动、发掘社会资本。如上海紫金山大酒店可为街道党建活动提供大型会场；洋泾中学东校可为街道贡献音乐、体育、美术方面的专业师资，以及阳光地铁志愿者；世纪百联购物中心可为街道提供各类活动场地和活动资源；上海地铁第二运营有限公司可以提供志愿者服务项目及相关培训，等等。与驻区单位之间的多方联动不仅一定程度上缓解了街道开展基层党建和社会治理工作时单方面投入不足的问题，更重要的是实现了政党–国家–社会之间的有效联结，真正体现出新时代基层党建和社会治理共建共治共享和社会化的精神。第四，街道坚持在基层党建过程中做“增量”，使得基层党组织的“双覆盖”比重不断扩大。大调研“扫楼”行动发现，虽然仍有过半楼宇没有独立党组织，但街道商圈内楼宇联合党组织已实现全覆盖；虽然楼宇党建服务联络点规模有大有小，但已经在69栋楼宇中全面建设到位，其中东片46个、中片13个、西片10个；虽然拥有单独党建阵地的楼宇还不到十分之一，但通过资源共享的方式，楼宇党组织开展活动基本能够解决场地问题，且现有党建阵地基本以物业提供为主。经调研发现，街道新经济组织单位数为2055家，其中正常运营的有2007家，其中，无党员的新经济组织628家，仅个别党员的7家；党组织覆盖1372家，占比为68.4%。新社会组织单位28家，正常运营的26家，党组织覆盖达100%。总体而言，楼宇党建转型升级具备良好的基础条件。楼宇内“两新”组织实现党建覆盖的规模性企业（50人及以上）达81家，涉及党员总数410人，与楼宇内两新企业党员1654人的规模相比，覆盖面还有待进一步扩大。在潍坊新村街道区域化党建促进会54家成员单位中，28家单位能在不同程度上为社区提供场地资源、师资资源、活动资源、先进典型等党建联建资源和服务。已经成熟运作的街道党群工作资源服务项目如课程讲座类、文体活动类、公益项目类、咨询服务类等共计有47项。

三是开展受众调研。根据课题的调查，潍坊新村街道商务楼宇中的受众群体呈现出明显的“高学历、高收入、年轻化、职业化”特征。问卷调查（2019年）表明，楼宇群体的总体受教育程度高，本科及以上学历层次者占比将近80%，大专以上学历者则超过95%。月均收入10000元以上的超过30%，65%以上的楼宇职员月均收入在6000元以上。40岁以上的人口总数只有18.59%，群体普遍年轻化。这些高学历、高收入的年轻人，绝大部分都在民企、外企工作，其中纯外企占22.42%，普通民营企业占34.53%，国有企事业单位的比重不足20%。同时，受访者中，中共党员的比重接近50%，群众和民主党派人士总人数不足35%。当然，受访者党员比例较高，可能同线上问卷发放渠道有关，但考虑到线下问卷完全是随机发放的，上述数据是二者中和后的指标。这说明，商务楼宇中的年轻精英群体是党员的比例是相当高的，开展楼宇党建实际上具有很好的潜在基础和必要性。但由于这一群体的上述特征，使得他们参加业余活动的时间受到限制，65%以上受访者表示是“周末或节假日”才能参与活动，但表示“午休”和“下班后”参加活动的比例也超过了30%。

不到20%的被访楼宇工作人群表示自己所在的楼宇设立了面向企业和楼宇工作人群的服务站或工作室，将近50%的受访者表示“不清楚”是否设立党群服务站点；将近60%的受访者从未参加过楼

宇党群工作室 / 服务站组织的活动。但同时，表示“愿意参与楼宇公共活动，并为楼宇其他楼宇工作人群提供一些力所能及的帮助与服务”的楼宇工作人群超过 85%。这说明目前楼宇党建和社会治理同群众的需求和期望存在较大差距，但也具备良好的群众基础。经需求调研发现，在楼宇社区中参与运动、兴趣培养、学习阅读等活动最受欢迎；职场讲座、职业生涯规划、政策法律心理咨询等活动形式也有着广泛需求。在楼宇工作人群“最希望”楼宇党群工作站点提供的服务项目中，排名前三位的分别是提供健身场所、电影沙龙和公益活动，而且在这一点上，线上线下调研表现出高度一致。活动形式方面，无论是像朋友一样谈心沟通、楼宇党组组内或组际间联谊、同龄人间的思想交流等线下沟通还是通过微信群、QQ 等线上沟通，都是做青年人思想工作较好接受又易于接受的形式。所以，问题的关键不在于是采用线上还是线下的工作方法，而是党群工作室 / 服务站能否提供他们期待的服务，如提供政策、法律、心理等方面的咨询服务，提供健身场所、设施、电影沙龙、公益活动、DIY 制作等契合他们兴趣爱好的服务。

四是推进治理创新。为解决“楼宇内”党建“难覆盖、难建立、难开展活动和难发挥作用”的“四难”问题，潍坊新村街道借鉴针对社区居民的“家门口服务体系”，通过“众筹思维”等一系列新思路，巧妙化解各种难题，在寸土寸金的楼宇内联合企业建立了“世纪 Hui 客厅”，成为企业党建的特色工作。潍坊新村街道在进行楼宇党建空间突破时，首先打破固有的“封闭空间”思维定势，以动态活动和功能效用为出发点，打造灵活的开放空间、共享空间，有效吸引党员群众参与。其次，街道还首创党建和社会治理空间建设的“众筹”模式，因地制宜，通过资源共享，打造群众身边的体验式党群服务公共空间——Hui 客厅。Hui 客厅融党建空间、活力空间、文化空间、服务空间于一体，为商圈员工提供会友朋、汇活动、惠生活、慧服务、荟展示五个“Hui”服务。以此为基础，街道拟在世纪 Hui 客厅的建设经验基础上，基于现实的资源条件，在全区域构建“1+3+N”楼宇党建空间体系。1 个旗舰版，起示范带动作用。旗舰版拟建设在双鸽大厦 8 楼左翼，总面积约 1020 平方米，作为专有空间，将其打造成楼宇版的“家门口服务体系”、楼宇工作人群身边的开放式党群服务站、社会组织孵化和服务基地，突出红色功能和传播体验功能，完整体现 Hui 客厅的五个“Hui”服务，重视宣传、展示、教育、体验和服务。并借助毗邻区廉政教育基地的优势，以此为窗口，打响潍坊楼宇党建 3.0 版品牌。3 个加强版，起辐射周边作用。拟在东中西片各建设一个，基本具备五个“Hui”服务，但相比于旗舰版，空间更为灵活，功能上也不如旗舰版全面，如东片区正在启用的“世纪 Hui 客厅”，自 2018 年 5 月 8 日运行以来，各类联谊活动和移动图书馆等服务深受楼宇工作人群欢迎。基础版全面覆盖，按照成熟一个推广一个的原则，在其他楼宇普遍推广，包含服务角、共享空间、服务清单等基本内容。“1+3+N”体系的目标是以贴近群众的存在，以楼宇党支部回应民众的需求为民众服务。每一栋楼宇有不同的需求，街道主动跨前一步，把党建服务资源及项目注入楼宇，由商圈楼宇提供空间，实现党建需要在楼宇空间中的突破。

而双鸽“Hui 客厅”实现了“支部建在楼上”的新突破，进一步贴近楼宇内民众的工作生活。位于双鸽大厦左翼 8 楼的“双鸽 Hui 客厅”，作为浦东新区潍坊街道基层党建工作的旗舰性成果，是双鸽大厦独立党支部所在处。这一成果以“嵌入式会客厅”模式，改变了原先传统党支部略显封闭的空间安排。相比于以往的党群空间阵地。“Hui”客厅采用了完全不同的创新设计：以一整层楼面上千平方米面积为基础，将公共活动空间引入党支部办公区域，办公区域最小化、公共区域最大化，建成了开放型党支部。党支部的公共空间划分成不同的功能性区域，开放给各种社会活动使用；该项目启动后可以为本楼宇和周边其他楼宇的党员与公众进行公共性活动提供功能性服务平台，以实现“会友朋、汇活动、惠生活、惠服务、荟展示”的“5 Hui 聚”。潍坊街道因地制宜，通过资源共享，打造的这一群众身边的体验式党群服务公共空间，融党建空间、活动空间、文化空间、服务空间于一体，将发挥推广、咨询、孵化、信息收集和联络等功能。鲜明的“红色元素”、现代的装潢风格、和谐的色调搭配、先进的设施设备，无一不彰显着新时代楼宇党建工作所拥有的年轻、开放和现代、进步气质，成为办公楼宇最靓丽的会客厅。

第二节　以组织创新搭建治理平台

楼宇党建的一个重要目标，是在党组织的引领下创造有效的公共行动，提供更加优质的公共物品，创造更加便捷的参与机会和渠道，使党组织引领各类经济社会力量在治理过程中实现互信，从而达到增强凝聚力、组织力、引领力的效果。这就要求在一定的区域范围内开展整体性党建，搭建治理平台，将区域内各类经济社会要素纳入其中，共同解决楼宇社区面对的问题。而整体性党建需要依托一定的组织架构，以实现跨部门、跨行业、跨条线的沟通与协调。实际上，这就是楼宇社区中形成的党建引领下的新型治理构架。

一是优化顶层设计。城市基层党建是一项系统工程，涉及多方面、多部门，需要在联动协调方面进行顶层设计。例如针对金融城社会主体多元的特征，在陆家嘴管理局党组的领导下，成立了陆家嘴片区党建联席会，下设“1+5+X”架构：“1”就是综合党委，然后综合党委下面有 284 个基层党支部。这 284 个基层党支部被分到了 10 个片区，每一个片区有 4 名左右工作人员，通过这 4 名工作人员来运营整个党工团的日常性的事务和相关的主题活动。“5”就是 5 个街道党工委，X 是各类驻区单位党组织。实现“两新”党建、社区党建和区域党建“三建融合”。其一，发挥一线开发区在资源整合上的“聚合器”作用。金融城内高能级的机构多，他们手中都有很多资源，我们发挥区域化组织架构的作用，力争让每个主体都觉得自己是金融城的主人，把自己的资源拿出来，满足党员、楼宇工作人群的需求，推动区域共治，让金融城更好地发展。其二，实行网格化管理。把所辖的商务楼宇划分成 10 个片区，每个片区都成立一个党群工作站，每个党群工作站都配有党总支书记、工会联合会主席、团总支书记，分管 4 至 12 幢楼宇的党群工作，一般是为 300 家以上的企业成立一个党群工作站，对所辖楼宇内的企业党组织进行全覆盖。全覆盖主要采取以下 3 种方式：一是隶属于陆家嘴金融贸易区综合党委的党组织，全部按照组织条线的模式进行管理，一切组织活动全覆盖；二是总部在陆家嘴但其他各个分支机构分散在全国各地的，采用备案制，即总部党组织纳入综合党委管理，而分散在全国各地的支部由总部党委或总支参照综合党委的模式来管理，实施属地化管理，党费收缴、“三会一课”、发展党员不列入综合党委工作的范围；三是企业在陆家嘴金融贸易区范围内，但党组织是属于上级党组织条线管理的，采用兼容制，即把这些党组织的活动纳入综合党委的工作范围，如“三会一课”、重点任务、岗位立功、爱心公益等，但缴纳党费、发展党员等不列入综合党委的工作范围。其三，搭建平台协商共治。除了为个体化的楼宇工作人群提供人性化多元化服务，综合党委在金领驿站的基础上还把服务范围扩展到了楼宇内部和楼宇之间，注重参与式治理。上海中心刚成立的楼宇促进会就是这样的一个组织载体。促进会由综合党委牵头成立，楼宇物业、楼宇业主等各主体也都积极参与沟通协商，解决共同的难题，获得了楼宇内业主和物业的一致好评。

二是成立楼宇自治组织。实际上楼宇内企业落户在陆家嘴金融城，必然会产生在登记注册等方面的很多繁琐的困难，而企业的困难政府往往不沟通的话是不清楚的。政府按照政府的规则来处理，按照政策法规来执行，虽然产生了困难，但实际上企业和政府方面都谈不上有错。但是政府若不深入了解企业的难点，不搭建这个协商平台，有很多问题是解决不了的。让人感到意外的是，到底是什么样的契机让综合党委来成立楼宇协调会，答案既不是繁琐的企业登记注册，也不是日常的物业管理矛盾，而是“垃圾分类”。原来上海市没有开始进行垃圾分类的时候，企业内部有很多废弃危化品，从前这些废弃危化品是混杂在普通垃圾一起清运出陆家嘴的。但是现在上海市开始施行垃圾分类之后，问题自然就显现出来了。原来的废弃危化品不能再混杂在普通垃圾里了，需要专门的运送有毒有害垃圾的车辆清运出陆家嘴。但最大的问题是陆家嘴有一个严格执行的管理规定“1.5 吨的卡车晚上八点能进入陆家嘴”，1.5 吨以上的卡车则一律不准进入。这是陆家嘴在当初成了国家级开发区的时候就颁布的管理条例，必须严格遵守和执行。与此同时，运送废弃危化品的企业都是办证的，一车一证，并且也都是 2.5 吨以上的。所以这时候，陆家嘴地区的所有的楼宇在垃圾清运这件事情上都没有了方向，犯了难。这时候综合党委就成了“老娘舅”——成立楼宇促进会。针对废弃危化品的运输这一大难题，综合党委协调了环保部门，协调了废弃危化品运输公司，协调了交警，最后形成了解决方案。既有的政策不能突破，但是可以指定运送废弃危化品的 2.5 吨以上的卡车在规定线路和时间，进入陆家嘴将废弃危化品清运出去。让交警部门指定线路，废弃危化品企业去部门报备，就可以按规定清运废弃危化品了。这个难题在综合党委等多方的协调下解决了，楼宇里的业主心头的老大难问题也由此解决。所以实际上，楼宇促进会的建立并不是坐而论道，而是要真抓实干。由垃圾分类这一问题的解决作为助推力，综合党委在 2020 年 6 月正式成立了第一家位于上海中心内的楼宇协调会，致力于解决楼宇内部企业和楼宇与楼宇之间难以解决的痛点和难点问题。

三是完善治理构架。楼宇促进会的组建由陆家嘴管理局牵头，楼宇业主，物业再加上楼宇里的企业代表都参与其中，真正做到政企合作协商共治。楼宇促进会就是覆盖他们的业主方、物业方和租户方。租户方又分为餐饮商务类和办公类，覆盖了楼宇里所有的企业，企业通过楼的业主、物业和陆家嘴管理局进行沟通。问题涉及政府某部门的，管理局就请部门的负责人来面对面的和企业进行沟通。目前，第一家建立楼宇协调会的楼宇是上海中心大厦，楼宇协调会属于楼宇自治组织。据陆家嘴金融管理局负责同志说，将来陆家嘴金融城较大规模的楼宇要实现“一楼一会”，而较小规模的楼宇则可以在几栋楼宇内联合成立一家楼宇协调会。陆家嘴管理局作为区政府管理机构，负责对接政府层面所有的协调职能和区各个委办局的职能。企业遇到了困难就可以向管理局提出，管理局再根据实际情况和各委办局讨论进行协商。为什么要引入陆家嘴管理局这一主体，陆家嘴金融管理局负责同志介绍，之所以要引入陆家嘴管理局这一主体，是因为管理局有招商引资的功能，楼宇企业落户在这，管理局就有义务进行后续服务。并且企业的落户也涉及招商引资、招商引税，实际上也是管理局的职能之一。陆家嘴金融管理局负责同志也认为如果政府和企业都守着自己的条条线线，不愿意协调的话，很多问题是难以解决的。现在政府要从管理转向服务，对企业来讲他需要的就是服务，政府部门也确实要转变观念，所以要党建创新，建立楼宇促进会。楼宇促进会这个名字的由来也就是想为了促进地区的经济发展，为企业解决问题搭建一个平台。

四是拓展治理功能。首先，对政府管理部门来说。建立楼宇促进会能够更全面地掌握陆家嘴所有的企业的动向，及时明确企业的进入和退出，由此对楼宇工作人群党员的管理也更加便捷。并且楼宇促进会的一大功能也在于政府和企业双方做到双向互动，使政府方能够及时明了企业需求，才能有针对性地提供服务。其次，则是对于楼宇企业个体来说，综合党委所做的并不是简单的为个人的服务，更多的是为企业服务，现在提倡的是全方位的服务，只要企业提出需求，不管是涉及工商、税收，还是环保、交通，综合党委都可以让这些部门的领导来作出解答。陆家嘴金融管理局负责同志表示，如今楼宇所提出的需求早就超出了党建工作的范围了，但如今楼宇党建的核心就是在于“服务”，服务提供好了自然党建也就做好了。“现在楼宇物业提出来，希望我们能想办法帮他们招商引资，招商引资实际上和党建工作是两条线。但我们还是举全区的力量，包括每个职能部门的力量，帮企业一起做，不仅帮助他们把企业找过来，关键是让这些企业安心在这里扎根。党建工作跟招商引资等服务工作是相得益彰的。”

另外，党建还有重要的搭建平台的功能，促进不同部门甚至不同楼宇之间的沟通协调。例如，上海中心有一家新企业入驻，需要装修并且提交报告到审批部门。按照审批部门的流程：股份制企业如果装修超过 500 万必须把它的股权结构报上来。但是这家企业就犯难了，这家企业的股权构架中有国有的、个人的，也有其他企业的股分，公司认为股权是隐私绝对不能对外泄露的。这样两方都守着自己的原则，三个月也没有解决问题。于是综合党委出面搭建沟通平台帮助企业解决问题。这家企业实际上共需要在两个楼层进行装修，总费用在 800 万左右。综合党委提出了一种思路，企业可以分层装修，分批申报，将金额分块从而降低到 500 万以下。按照这样的思路实施之后审批立刻走完，节省了大量的时间成本和人力成本。这样，搭建这个平台的作用就显现了，所以现在楼宇促进会的作用非常明显，没有楼宇促进会的楼宇主动要求要建立楼宇促进会。除了为楼宇提供协调等服务，上海中心金领驿站站长黄伟国认为楼宇党建是需要经济成本的，有的时候成本也是看不见的，但有巨大的品牌效益，有的时候也可以转化为经济效益。所以，综合党委提供的不仅仅是楼宇工作人群物质和文化需求的满足，还为企业创造了一个良好的营商环境。楼宇和楼宇之间也存在相互协调的需求。本着为企业服务的初衷，楼宇促进会自搭建起，也意识到楼宇和楼宇间也是需要建立联系和协调的。例如，现在陆家嘴金融城的三栋标志楼宇都提出来，指示标牌要明显一点，都希望隔壁楼宇的指示标牌上也能够同时附上自己楼宇的指示信息。这个时候综合党委又出面做起了老娘舅，“原来没有这个平台的时候，他们也不知道找谁，没有方向。你不能随便讲讲我们是全方位服务，真的要花精力，真的要为他们服务的。”

第三节　以党建引领助推楼宇善治

平台和资源属于静态治理范畴，而楼宇党建要真正发挥治理效能，则需要在党建功能和治理机制上有所突破，通过党建引领将楼宇治理要素激发、带动、整合起来，使党组织真正成为楼宇社区的组织中轴。从最初以党组织全覆盖为导向，到以服务为导向，再到以治理为导向，上海实现了楼宇党建的功能突破，为完善基层社会治理探索出新的方案。

一、党建功能的进一步拓展

在楼宇党建创新的初期，党建功能主要体现为联系与纽带，侧重于党员凝聚和动员；随着“1+6”改革的开展，社会治理的重心下移，越来越多的资源下沉，党建更多开始体现服务功能。近年来，由于社会参与日益广泛深入，上海的楼宇党建体现出日益突出的治理功能。街道党工委的作用，则日益由原先的主导者，开始转变为基层党建和社会治理活动的组织者。这三个维度的突破层层递进、环环相扣，带来了楼宇党建在结构和功能上的可持续优化。

（一）从建党到党建

改革开放以来，城市中新经济组织和新社会组织的数量持续增长，流动党员的人数持续增加，党员的流动性、匿名性加剧。单位制度的松解使得单位内部行政化的党建组织体系也出现了松动，而“街道-居委会”党建体系仅能覆盖本社区党员，对于隐匿在商务楼宇中的楼宇工作人群党员则无能为力。长此以往，楼宇中工作人群党员和基层党组织的关系日渐松散，通过组织覆盖，在党员和党组织之间重建联接成为这一时期楼宇党建工作的首要任务。“1999 年浦东新区嘉兴大厦成立楼宇联合党支部，开创‘支部建在楼上’的先河以来，上海已在楼宇内建立党组织 3200 余个，服务党员近 5 万名，基本实现了楼宇党建工作全覆盖”。[1]

在实现了辖区内楼宇党组织的覆盖工作后，上海楼宇党建已逐步将工作重心由“建党”向“党建”转移。“在基层党组织的建设中，党建重点正逐步从建立和覆盖全方位的基层党组织，发展到着重提升组织力、发挥好基层党组织政治功能和社会功能的阶段。换句话说，就是要从强调覆盖面的‘建党’到强调质量和功能的‘党建’。”[2] 相较而言，楼宇中的“建党”工作强调通过组织覆盖的方式，将游离在党组织外的流动党员吸纳进入党组织，弥补商务楼宇的党建空白。而“党建”则更加侧重通过服务的方式，凝聚带动商务楼宇内的工作人群，确保“流动”党员不“流失”并切实发挥作用，使得前期的“建党”成果能够更好保存下来。

[1] 钱蓓：《支部建在楼上催化生产力》，《文汇报》2017 年 3 月 31 日。

[2] 张兰、刘建军：《网格化党建带来哪些新突破》，《解放日报》2018 年 7 月 10 日。

实现从“建党”到“党建”的转型，需要将基层党组织的服务内容和楼宇工作人群党员多元化的需求结合起来。街道（镇）在进行服务清单设计时，从楼宇工作人群党员的需求出发，注重构建“党建+知识”“党建+文体”“党建+公益”多层次的党建服务体系。在具体实践中，各街道的社区党建服务中心提供了空间资源，在楼宇党建和社区党建的联动方面发挥了重要的枢纽作用。例如，徐家汇街道党工委秉承“开放式、集约化、共享性、枢纽型”理念，注重通过社区党群服务中心激发区域内各类主体的活力、动力共同打造红色引力场、人文荟萃地、服务枢纽站、社区治理链、美好生活集，推动党群服务圈与“15分钟社区生活圈”深度融合，把服务阵地建在老百姓的家门口，把服务送到党员群众的心坎上。各街道（镇）党群服务中心往往包括展示厅、宣誓厅、接待咨询室、党建信息阅览室、群团之家、社区党校、书记工作室、志愿者中心、人大代表党代表联络室等各类功能空间；提供包括课程讲座类、文体活动类、公益项目类和咨询服务类等丰富多样的服务资源。

课程讲座类活动的情景党课非常受楼宇工作人群党员们的欢迎。例如，主题党课《从乌篷船到红船——传统文化与红色文化》，不同于以往的党建课程，该党课在介绍党史知识的同时，还引入了同党建主题高度相关的“微制作”，即参与培训课程的楼宇工作人群党员们观看“微党课”视频后，能够亲自动手参与制作嘉兴南湖的红船纸模。这一新颖的活动内容提升了楼宇工作人群党员的参与感和归属感，同时也加强了基层党组织的凝聚力和向心力。除课程类活动外，文体活动类、公益项目类和咨询服务类活动，也均是在服务内容上下功夫，侧重提升活动的吸引力。

（二）从服务到治理

伴随着城市化水平逐渐提高、新经济组织和新社会组织日渐增多、流动党员数量不断增长的新局面，“从服务到治理”转型的楼宇党建已成为中国共产党撬动复杂社会、促进社会联动和优化社会治理的新政治支点。楼宇党建 1.0 阶段以“建组织”为主题，楼宇党建 2.0 阶段以“送服务”为主题，面向治理的楼宇党建 3.0 阶段则是以问题为导向，将解决基层治理问题的能量和动力注入楼宇和社区中。

目前，基层社会治理面临着环境、医疗、就业、公共安全等各类复杂的问题。基层治理的困境表面上体现为基层政府的服务质量不够好、行政机构效率不够高，但深层次的根源在于基层过度依赖自上而下的行政力量。社区治理受到重视和关注以来，居委会、业委会、专业的社会组织、物业公司等多元力量均参与进来，一定程度上改善了社区过度依赖行政力量的困局。进入新时代以来，随着经济结构的转型升级，商务楼宇的生态圈日渐形成。商务楼宇的楼宇工作人群也面临着一系列亟待解决的公共议题，小到上下班难、停车难，大到公共安全、职工权益保障。在这一背景下，楼宇治理逐渐浮出水面，上升为基层社会治理的重要内容。

例如，南京东路街道通过区域化党建、居民区党建、“两新”组织党建“三建”融合，有效推动楼宇和街区治理提升。南京东路街道通过复制推广科技京城党建服务分中心、京城驿站工作样本，建立起八片区楼宇党建（群团）服务站，切实促进辖区内区域化党建、“两新”组织党建和居民区党建“三建融合”发展，切实加强党建工作的系统性、整体性、协同性。为加快推动区域化党建、居民区党建和

“两新”组织党建互联互通互补，积极构建机制共建、义务共担、资源共享、服务共推的区域化党建新格局，打造有向心力、凝聚力和影响力的区域化党建运作体系。坚持围绕发展抓党建、抓好党建促发展，夯实基层党建工作基础，将社会治理的参与力量覆盖到整个社区、延伸到社区之外，进一步加快区域内居民区党组织、“两新”组织党组织、驻区单位党组织间的组织互联、资源互通、功能互补。

“三建”融合的功效在一些社会治理活动中体现得很明显。例如，八片区在防范金融风险活动中，融合了楼宇、居民区、片区三个层面的工作要求。根据《黄浦区关于落实商务楼宇防范和处置金融风险的工作方案》文件要求，为有效落实关于打击非法金融活动的决策部署，进一步防范和处置非法金融活动，维护社区金融稳定，希望八片区楼宇工作室各位组长和组员及时发现和报告异常情况，主要表现为：（1）老年人出入较多，（2）送米送油送旅游，（3）宣称稳赚不赔，（4）承诺高额回报。若日常工作发现以上情况出现，楼宇工作力量可及时告知发展办。根据市委、市政府以及区委区政府的要求，为保证社会面稳定，街道配合区打非办进一步防范和处置非法金融活动，街道根据区打非办下发的名单梳理了目前的金融风险企业名单，发到八片区楼宇工作室，由工作室对这些企业重点关注，如有发现人员集聚或产生纠纷的情况可及时报告。

（三）从主导到组织

在发展楼宇党建的过程中，城市基层党建也逐步实现了从主导模式向组织模式的转型。在主导模式下，街道党工委通过垂直的层级体系，单向度地将党建资源下沉到楼宇党支部。该做法的优点在于能够快速完成所辖区域楼宇党组织的覆盖工作，迅速弥补基层党建的空白点和盲区，但缺陷在于助长了基层党支部的依赖性，抑制了基层党支部积极性和主动性的发挥。在组织模式下，街道党工委依托扁平化的平台，发挥方向性和纲领性的引领作用，而具体的活动内容、细节安排则充分调动基层党支部和楼宇工作人群党员们的创造力。

在开展楼宇党建的过程中，有三类做法体现出街道党工委正在依托扁平化平台，改变单向度的资源下沉局面。其一，重视互联网党建平台的作用。诸如支部通、公众号、微信群等“互联网+党建”平台的构建，既便利了楼宇工作人群党员利用碎片化的时间，又满足了楼宇工作人群党员和社区党员多样化的需求，充分地激活了离散的党员主体参与组织生活的积极性和主动性。

其二，重视物业管理公司在楼宇党建中的关键作用。物业管理公司在传统党建形态下是一支被忽视的力量，其地位和作用被限定在提供良好的物业服务上。通过加强与楼宇物业管理公司的党建联建、推行物业公司经理和楼宇联合党支部书记交叉任职制度等方式，将物业管理公司党组织打造为开展楼宇党建的扁平化平台。面对商务楼宇中企业流动性大，部分企业对党建工作存在认识误区不愿配合等问题，以物业管理公司为突破口成为了破解楼宇党建难题的重要切入点。许多情况下，正是在物业管理公司的引导和配合下，街道党工委才能够掌握辖区内楼宇内党员的基本情况，对楼宇内企业的党组织状况进行了全面的摸排。

其三，重视新公共空间的开发。例如，潍坊新村街道借助物业管理公司在楼宇内的空间资源，进一步开辟出可供党员就近开展活动的公共空间，如先后在汤臣金融大厦、中融恒瑞、众城等商务楼宇内建设“有场所、有设施、有标志、有党旗、有书报、有制度”的“六有阵地”，并逐步延伸功能，设置楼宇图书馆、妈咪小屋、职工茶艺角等符合楼宇青年兴趣的配套设施。2018 年 5 月，潍坊新村街道联合辖区内百联世纪购物中心，拓展购物中心 1 楼总服务台、地下 2 层会议室、屋顶花园等空间，推出“世纪 Hui 客厅”项目，项目提出的当天就举办了专门针对楼宇工作人群党员们的“一小时运动”与“一小时烘焙”活动。近期，潍坊新村街道拟在“世纪 Hui 客厅”的建设经验基础上，进一步在辖区构建“1+3+N”的楼宇党建空间体系。其中“1”是指双鸽大厦 8 楼左翼 1000 余平方米的楼宇党建旗舰版，“3”是指东、中、西三个片区具备五个 Hui 服务的加强版，“N”是指全面覆盖各商务楼宇的基础版。“1+3+N”的核心工作是为楼宇党建提供新的公共空间资源，并在此基础上打造楼宇版的“家门口服务体系”。

借由互联网党建平台、物业管理公司以及新公共空间等扁平化的平台，党和政府由主导者变为组织者，职能由大包大揽变为牵线搭桥，变单向度的资源下沉为多向度的资源共享，将街道的公共服务供给、企业职工的需求、商家吸引人气的需求结合起来，撬动企业、社会组织等社会资源和社会资本，是楼宇党建的功能突破的重要体现。

二、党建形态的进一步突破

楼宇善治需要撬动治理资源。传统的基层党建形态多为单向度“组织−管控”模式，注重自上而下的组织与动员，忽视上下互动与左右协同，且组织活动多为线下活动。这种传统的党建形态很难适应楼宇党建的实际需要，因为楼宇两新组织和职工楼宇工作人群的自主性已经大大增强，自我表达、自我表现的能力与意愿也已经大大提升，且他们的大量活动都已转为线上。针对楼宇党员分散，活动难以组织的现状，上海市基层政府因势利导，充分借鉴众筹思维，充分运用互联网思维，建立多样化的党建形态，有力破解了楼宇党员分散、集体活动组织难的问题，丰富了党员对“组织”的新的理解，即党员组织和支部活动不仅仅有线下形态和实体形态，网络空间的线上形态和虚拟形态同样可以实现良好的党建效果，充分发挥基层党组织的各项功能。开展党建活动过程中，十分注重挖掘内部资源，让基层党员群众成为党建活动的“主角”。具体而言，楼宇党建在形态突破方面主要体现在党建众筹化、党建网络化和党建社会化三个维度上。三个维度分别在服务平台、参与主体和功能机制三个层面实现了基层党建形态的创新。党建众筹化催生出扁平化的服务平台，党建网络化借助互联网信息技术激活了参与主体的参与热情，党建社会化依托楼宇“党建达人”的积极参与，进一步丰富了基层党建的多元化和个性化。三个维度的形态突破层层递进、环环相扣，带来了楼宇党建在结构和功能上的可持续优化。

（一）党建众筹化：基层党建的政社合作模式

众筹是一个商业词汇，近年伴随着互联网和金融的发展而变得流行起来。作为商业模式的众筹是由项目发起人（筹资人）、公众（出资人）和中介机构（筹资平台）这三个有机组成部分构成。[1] 在楼

[1] 范家琛：《众筹商业模式研究》，载《企业经济》2013 年第 8 期。

宇党建的过程中，诸多街道党工委借用了商业模式中的众筹方式，扮演了筹资人的角色，通过“空间众筹”完成对空间资源的优化配置，撬动社会资源和社会资本参与公共服务，搭建起促进政社合作的扁平化服务平台。传统的楼宇党建形态侧重强调垂直的、自上而下的党建组织体系在新经济组织和新社会组织中的覆盖，党建资源通过这样一套垂直的层级网络下沉到基层党支部。在具体操作中，街道党工委往往依托商务楼宇中的龙头企业实现党组织在“空白点”的布局。该做法的优点是能够快速完成所辖区域楼宇党组织的覆盖工作，迅速弥补基层党建的空白点和盲区，但缺点也较为明显，即将商务楼宇中龙头企业变为党建工作的对象后，龙头企业也反过来成为街道党组织的派生和延伸。在商务楼宇的企业生态中，不仅企业的流动较为频繁，就连企业内部党员的流动性和离散程度也都较为明显。仅依靠单向度的、自上而下的传统党建模式或许能够确保一时一地完成党建任务，但从长远来看，龙头企业很容易将开展党建活动当作上级党组织安排的工作，缺乏进一步开展楼宇党建工作的内在驱动力。长此以往，楼宇内工作人群党员的积极性和主动性无法提高，刚刚培育起来的参与氛围也会由于党员或企业的流动而降温，既无法实现基层党组织在商务楼宇的动态覆盖，也不利于商务楼宇的整体党建水平提高。

例如，在打造的“世纪 Hui 客厅”的案例中，潍坊新村街道党工委并没有采取垂直式资源下沉的党建模式，一级压一级地寻找新的党建空间资源，而是扮演了扁平化的服务平台角色。一方面，楼宇工作人群党员对党建活动有新的公共空间需求；另一方面，百联世纪出于推广品牌的需求，也恰好在寻找能够将“世纪”品牌广而告之的优质项目。街道党工委成功地搭建起扁平化的平台，在项目需求者同众筹出资人之间建立了匹配关系，成功实现了“空间众筹项目”。在“寸土寸金”的商业地段，开展精神文化活动、娱乐活动、公益活动的优质公共空间是稀缺资源，不仅对楼宇中的党员如此，对社区中的党员来说也是如此，仅依靠党员个体的力量，难以寻找到优质的公共空间。潍坊新村街道党工委通过调研走访，从百联世纪购物中心“筹得”购物中心 1 楼总服务台、地下 2 层会议室、屋顶花园等优质的公共空间。凭借这些活动空间，潍坊新村街道进一步推出“会友朋、汇活动、惠生活、慧服务、荟展示”五大功能。发现“黑科技”、移动图书馆自助借阅等能够促进楼宇和楼组党员互动的活动项目也依托“世纪”品牌开始出现。“党建引领既为基层民主注入关怀与灵魂，又为政社互动提供平台与方向”。[1] 楼宇党建变单向的资源下沉为双向的政社合作，多渠道吸收社会力量的参与，在众筹过程中积极扮演筹资人的角色，从而将基层党组织从自上而下的层级结构中剥离出来，为在政社之间建立合作、互惠、共赢的伙伴关系打下了坚实的基础。党建众筹化的方式，将进一步激发楼宇党建的活力，促使楼宇内跨单位、跨行业、跨系统的党员和企业联结起来，在对新社会空间进行覆盖的基础上，依靠党建引领促进楼宇经济又好又快地发展。

（二）党建网络化：党建网络的数字化实践

中国共产党组织能量的重要来源就在于形成了较为完整的组织网络，但在不同时期的不同经济社会状况下，党的组织网络形态发生了

[1] 刘建军：《党建引领缔造中国基层治理的政治逻辑》，《社会科学报》2016 年 12 月 29 日。

很大的变化。改革开放以来，伴随着社会主义市场经济的快速发展和非公有制经济规模的不断扩大，“单位制”出现松解。个体的住房、教育、医疗、养老等福利事项同单位脱钩，传统党建所依托的“单位-个人”纵向网络也开始出现松动。在这一背景下，潍坊新村街道于1999年6月探索成立了全国第一个跨地域、跨行业、跨所有制的联合党组织——中共嘉兴大厦联合党支部。当时入驻嘉兴大厦的企业有50多家，其中不少是新经济组织，这些企业中的党员有的将组织关系挂靠在外地，有的是将组织关系装在“口袋”里，而且每个企业的党员数量又比较少，不符合单独建立党组织的条件。面对这些困境，嘉兴大厦依托嘉兴市秀洲区驻上海办事处，组织来自6家不同企业的8名党员成立了联合党支部，创造性地“把支部建在楼上”。嘉兴大厦联合党支部的成立是对“单位-个人”纵向党建网络松动的回应，有效地弥补了商务楼宇党建网络的空白，开创了全国之先。

信息化时代，互联网的即时性、开放性和互动性给基层党组织带来了极大的便利，移动互联网技术加速变革也为基层党建活动的开展增添了新动力。上海市各街道党工委在推进楼宇党建的过程中，运用互联网技术手段，激活了参与主体积极参加组织生活的热情，克服了楼宇党员流动性强、时间不定、需求多元等难题，为增强基层党组织的凝聚力和向心力做出了很好的铺垫。进入21世纪以来，上海各街道又在党建网络的数字化实践方面做出了新的探索。网上党建平台——“支部通”集“随身学习会”、“党建云资源”、“活动大数据”和“党员学分制”等功能于一体，在潍坊新村街道打造出一个“云端”党员社区，进一步实现由“支部建在楼上”向“支部建在屏上”的升级转变。通过“支部通”App，党员在手机客户端上可以实现“线上点单、线下活动、线上领学、线下通学”的互动，此举不仅便利了楼宇工作人群党员利用碎片化的时间，亦同时满足了楼宇工作人群党员和社区党员多样化的需求，充分地激活了离散的党员主体参与组织生活的积极性和主动性。例如，潍坊新村街道在潍坊社区报、潍坊政务微博基础上，开通了“潍方圆”微信公众号。公众号发布的内容主要集中在党建和民生两大领域，其中“潍党课”板块面向楼宇党员、社区党员定期推送党员学习内容，而“潍活动”、“潍心愿”和“潍动态”等板块更多侧重通过新鲜生动的故事，反映党员参与社区公益和民生事务的资讯。通过线上宣传和线下的互动，潍坊新村街道将“互联网+党建”同社区治理建立起联系，在移动互联网平台实现了社区党建、楼宇党建同社区公共事务的联结，这就为下一步更好地解决社区治理中存在的问题打下了基础。近来，潍坊新村街道还借助公众号、支部通和各个微信群，打造升级“家门口”服务站的“1+27+X”工作体系。其中，“1”是指社区党建服务中心，“27”是居民区党组织家门口服务站的党建核心功能，“X”是楼宇商会即上文提到运用众筹方式建立的HUI客厅系列项目。通过对“空间众筹”和“互联网+”的不断创新，潍坊新村基层党建工作逐步实现无形网络升级与有形空间载体相结合的工作格局，并将进一步打造出以治理为导向的楼宇党建新版本。

（三）党建社会化：挖掘楼宇中的“党建达人”

党建社会化是对党建行政化弊病的克服和升级。党建行政化是指在原“单位体制”下，依靠行政权力，通过行政命令调动体制内资源开展党建工作的方式。“面对利益多元化的人群和社会组织的不断涌现和共同生活，党组织显然已无法依托行政权力对他们实行动员与控制，这就要求党组织必须从行政权力的结合中分离出来。”[1]在推进楼宇党建的过程中，各地逐步跳出党建行政化的思维，并非强调“就党建而言党建”，而是更多地体现为以“党建+公益”、“党建+文体”、“党建+艺术”或“党建+知识”等多元化和个性化的方式，挖掘楼宇中的“党建达人”。一方面，商务楼宇的楼宇工作人群党员普遍学历高、收入高、年龄低，且多为专业技术人才，行政化的组织党建活动难以充分调动起他们的参与热情。另一方面，商务楼宇里的企业多为非公有制企业，楼宇工作人群党员在楼宇中共同的空闲时间集中在工作日午休时间或双休日，活动内容如果过于单一也将难以激发他们的积极性。因此，要想把基层党建的网络扩展到商务楼宇，就必须打造贴近社会化的党建项目，从而挖掘出商务楼宇中的“党建达人”，进而形成楼宇党建的“头雁效应”。以潍坊新村街道九六广场党总支举办的“党建+公益”为例，九六广场党总支共有29个党支部，共有党员573名，大专以上学历党员占比约为80%，主要分布于16幢商务楼宇的270家企业之中。自2014年以来九六广场党总支组织的为云南贫困小学捐书活动已经持续了多年，该活动动员起党总支下属所有党支部的党员参加。如2014—2018年期间为云南省保山市龙陵县的贫困小学捐赠书籍近800本，并筹建了一个颇具规模的图书馆，而且连续两年捐助了该校4名困难学生。该活动并不

[1] 梁妍慧：《从“行政化”到“社会化”——创新城市社区党建领导方式》，《理论视野》2012年第11期。

占用工作时间，而且项目的公益性充分地调动了楼宇工作人群党员们的参与积极性和主动性，基层党组织也通过这次活动增强了自身的凝聚力。在潍坊街道开展的“微心愿”活动中，潍坊五村居民区有一位单亲父亲，仅靠微薄的收入支撑起全家开销，现在女儿读高中，学习费用高，希望有一些课外读物。这一“微心愿”由潍坊五村居民区党总支报给社区党建服务中心。短短几天时间，九六广场党总支下的华润时代广场联合党支部献出爱心，为他的女儿捐赠了图书。[1] 潍坊新村街道的党建社会化探索，充分发挥了党委的引领作用，通过“党建+”的多元化方式，找到了党建嵌入社会的突破口，从而实现党建和社会治理之间的同频共振。

第四节　小结与讨论

从“支部建在楼上”至今，上海楼宇党建已经历“建组织”和“送服务”两个较为完整的发展阶段，目前正在向以“做治理”为导向的楼宇党建 3.0 阶段转型。在不断推进楼宇党建功能突破的同时，应重视在以下几点着力：

第一，更加注重楼宇党建三个版本的协同推进。推进楼宇党建过程中，弥补党建空白、改善服务质量和注重解决治理难题三者并不矛盾，前两者恰恰是开展楼宇党建 3.0 的重要基础。一方面，企业的流

[1]《点亮心愿　让大爱在潍坊化作一道美丽彩虹》，2018 年 3 月 27 日，网址：http://weifang.pudong.gov.cn/news/186/detail-7552.html。

动性、楼宇工作人群党员的流动性均为不可控因素，弥补党建空白的工作并不能“毕其功于一役”，因人员流动造成的党建阵地缺失需要及时补位。另一方面，楼宇工作人群党员多元化和个性化的需求始终存在，这就要求可持续地引入社会资源和社会资本，以提升和改善服务质量。

第二，更加注重与楼宇治理紧密相关的公共议题。楼宇治理直接面向涉及商务楼宇及周边的治理难题，小到停车难、上下班难，大到公共安全、职工维权等。楼宇治理的公共议题不仅应涵盖已发生的，还应包含未发生但有隐患的，例如，近些年频频发生的高层建筑火灾、地铁公共安全事件等都与楼宇治理密切相关。商务楼宇中的联合党支部作为楼宇治理的主体，通过调动楼宇工作人群党员参与模拟演习高层建筑火灾逃生、模拟地铁公共安全事件应急处置等，逐步具备引领楼宇治理相关的公共议题的能力。

第三，更加注重楼宇党建和社区党建的联动。完善楼宇党建不是靠开辟一块新的公共空间就能简单地完成，它需要和社区党建联动起来。目前，楼宇党建更多是通过“党建+公益”的方式实现多元治理主体联动，以后可更多地通过“党建+知识”“党建+公共治理”等多元化的方式拓展治理格局、提升治理活力。

第六章
功能拓展模式：党建引领优化楼宇营商环境

在“建组织”“送服务”“做治理”的工作基础上，当前上海楼宇党建进入以“强功能”为特征的新阶段，前三阶段的党建功能和成效加以集成，正转化为促进楼宇经济发展和楼宇社会善治的积极力量。对市场主体而言，好的营商环境就像阳光、水和空气一样不可缺少。党的十八大以来，以习近平同志为核心的党中央高度重视优化营商环境，各地各有关部门持续推进“放管服”改革，加快转变政府职能，助力高质量发展，不断优化的营商环境为民营企业的发展提供了坚强的后盾。习近平总书记在考察陆家嘴金融城党建服务中心，了解城市楼宇党建工作情况时指出，随着经济成分和就业方式越来越多样化，在新经济组织、新社会组织就业的党员越来越多，要做好其中的党员教育管理工作，引导他们积极发挥作用。优化营商环境是落实习近平总书记交给上海的三项新的重大任务的先手棋，是提升城市能级和核心竞争力的内在需要，更是应对经济下行压力的关键一招。优化营商环境，关键是要坚持系统施策，多维度、立体化、全方位地推动营商环境持续优化，实现营商环境质量的全面提升、全面进步。上海是楼宇经济重镇，优化营商环境，重要一环就是优化商务楼宇的营商环境。笔者通过现场走访、问卷调查、深度访谈、参与式观察、文献查阅等多种现代社会科学研究方式对当前长宁区楼宇党建的发展状况、楼宇企业和员工、楼宇工作人群的类型及需求、楼宇党建优化营商环境存在的主要问题和短板进行了调研。

第一节　转变观念：党建也是营商环境

经过 20 余年的发展，我们已经认识到，城市商务楼宇日益成为一个经济社会要素高度集中的新型空间，楼宇党建已经成为新时代城市基层党建的重要组成部分。城市商务楼宇党建质量的高低，直接决定城市基层党建的总体水平。但目前依然有部分同志未能深刻理解楼宇党建在推动经济发展方面的重要意义，未能很好掌握楼宇党建促发展的基本规律和方法，导致对楼宇党建安商稳商、爱企助企在观念上不重视、策略上无重点、工作上少头绪。我们应当深刻认识到，党建也是营商环境，二者可以相互促进、相得益彰。

一、提升楼宇党建能级的落脚点在于服务于当前的中心工作

中共中央印发的《关于加强党的政治建设的意见》明确指出，党

的政治建设是党的根本性建设，要把党的政治建设融入党和国家重大决策部署的制定和落实全过程，做到党的政治建设与各项业务工作特别是中心工作紧密结合、相互促进。楼宇党建作为党的建设的重要领域，不能仅仅就楼宇党建论楼宇党建，而应紧紧围绕并服务于中心工作。当前，对于上海市来说，优化营商环境就是重要的中心工作之一，其中优化商务楼宇营商环境是重中之重。长宁区是上海楼宇经济重镇。截至 2020 年 12 月，全区已建成的商务楼宇 262 幢，总建筑面积 600.5 万平方米，总商务办公面积 443.4 万平方米。其中，重点楼宇（建筑面积 1 万平方米以上）68 幢，总建筑面积 359.0 万平方米，“亿元楼”已达 29 幢。全区 68 幢重点楼宇产税 117.04 亿元，“亿元楼”完成税收 101.77 亿元，占 68 幢重点楼宇税收的 86.95%。可以说，楼宇经济发展水平将直接影响到经济发展的基本面。提升楼宇党建能级，必须围绕优化区域营商环境、促进楼宇经济发展这一中心工作来开展。

二、做实楼宇党建是楼宇中各类组织有序发展的内在诉求

经调研表明，楼宇企业和党员楼宇工作人群，对于楼宇党建实际上是有需求的。例如，有的公司提出，有问题需要联系有关职能部门，楼宇党组织能否提供相应渠道？有的公司提出，企业开展党建、工建、团建活动，需要场地、项目等资源，能否得到楼宇党群服务站点的支持？有的公司提出，在经济下行压力大的情况下，能否通过楼宇党建联建的方式培育楼宇商圈的经济生态，有利于大家“抱

团取暖”？实际上，提升楼宇党建对于优化营商环境大有可为。基层党组织作为“联通上下，协调左右”的枢纽型组织，具有重要的政治势能、资源动能和治理功能，能够为楼宇中的“两新”组织发展提供支持、搭建平台、保驾护航，从而推动企业健康发展。通过开展楼宇党建，也有利于党员更好地发挥先锋模范作用，团结凝聚员工遵纪守法，遵守企业规章制度，促进企业规范管理。更重要的是，中国共产党是全中国人民的领导核心，党的领导是中国特色社会主义最本质的特征。不仅军队、机关、社区和国有企事业单位必须接受党的领导，各类“两新”组织也应当接受党的领导。楼宇中的“两新”组织要得到有序发展，首先需要在党的领导下确保正确的政治方向。脱离了党的领导，就有可能偏离社会主义方向，并在遇到各种困难的时候缺少主心骨。

三、创新楼宇党建是党员群众创造美好生活的基本需求

当前我国社会主要矛盾已经转化为人民日益增长的对美好生活的需要同发展的不平衡不充分之间的矛盾。习近平总书记反复强调，人民对美好生活的向往就是党的奋斗目标。楼宇不仅仅是各类市场主体的生产空间，也是党员群众和企业楼宇工作人群十分重要的生活空间和交往空间。作为一个个“竖起来的社区”，楼宇的治理质量和公共服务水平直接关系到工作并生活于其中的党员群众的安全感、获得感与幸福感。在长宁区，有超过 15 万党员工作、生活在商务楼宇中。调研显示，广大楼宇党员楼宇工作人群对于楼宇工作人群食堂、

文化阅读、休闲运动、社会交往、亲子教育等方面有着强烈的需求。但是，相比于居民区，商务楼宇的公共资源供给和公共空间治理有着明显的“短板”，属于典型的发展不平衡、不充分的领域。通过提升楼宇党建能级，有助于显著提高楼宇社区的公共服务水平，满足楼宇党员楼宇工作人群的美好生活需求。因此，楼宇党建不仅仅是在楼宇和“两新”组织中建支部、搞党务活动，更是要通过建阵地、送服务、搞活动、做治理的方式，为楼宇社区整合资源、提升温度、增进善治。让楼宇中广大党员群众不仅可以享有更好的公共空间与公共服务，还有更多机会参与党建引领下的楼宇公益和楼宇治理。

四、发展楼宇党建是增强党和群众血肉联系的必然要求

党建工作，做实了就是生产力，做强了就是竞争力，做细了就是凝聚力。中国共产党是一个群众性的政党，能否始终保持同人民群众的血肉联系，关系到党的执政根基是否稳固。因此，党的组织体系同中国社会一定是紧密互嵌的。战争年代，我们党将“支部建在连上”；和平年代，党的组织就要进机关、进学校、进农村、进社区、进各类经济社会组织。正如习近平总书记所说：“做到党员工作生活在哪里、党组织就覆盖到哪里，让党员无论在哪里都能找到组织找到家。”楼宇作为城市时代兴起的“新社会空间”，体现“产业集聚、企业汇聚、人才广聚”的突出特点，有着巨大的经济能量和社会影响，不应该脱离于党的组织体系之外。因此，楼宇党建是“支部建在楼上”的重要体现，是新时代增强党和群众血肉联系的必然要求。我们

应当清醒认识到，提升楼宇党建能级，优化区域营商环境，其出发点是为了促进楼宇企业更好更快地发展，更好地满足楼宇党员楼宇工作人群的美好生活需求，其最终落脚点是增强党和群众的血肉联系，从而夯实新时代党执政兴国的政治基础。

第二节　研判形势：提升楼宇党建优化营商环境大有可为

为充分了解长宁区商务楼宇要素结构和需求结构，为准确研判形势、认清问题、找准对策，发挥党建引领对优化楼宇营商环境的作用，课题组对江苏路街道、周家桥街道、虹桥街道、华阳街道、仙霞街道、临空园区等单元的楼宇党建负责人和党群工作者进行深度访谈，面向长宁区委组织部、街道社区党委、专职党群工作者以及部分有代表性的新兴领域企业等举行了多次座谈会，实地走访了来福士大厦、龙之梦雅仕大厦、华敏·翰尊国际大厦等多家长宁区有代表性的楼宇和企业以及部分有代表性的党建服务平台。重点了解楼宇工作人群和企业主对党建提升楼宇社区服务，帮助企业改善环境、吸引人才、提高员工对工作环境的满意度等方面的需求情况，当前提升楼宇党建能级优化营商环境存在的问题及对策建议等，以期为楼宇社区公共服务的完善和创新提供建议。特别是笔者对长宁区 10 个街道的商务楼宇进行了需求问卷调查。此次调查，共发放楼宇工作人群需求问卷 508 份，企业主需求问卷 120 份，有效回收楼宇工作人群需求问卷 508 份，企业主需求问卷 120 份，有效回收率 100%。在上述调研的基础上，笔者对长宁区提升楼宇党建能级优化区域营商环境作出如下分析研判。

优质营商环境的本质在于安商留商，更好更快地促进楼宇经济发展，满足楼宇党员楼宇工作人群的美好生活需求。对于“营商环境”应做广义理解，优化营商环境的定义不能局限于开办企业的便利程度和金融税收优惠政策等经济层面，而应着眼于市场主体和党员楼宇工作人群的“需求”。本书认为，有助于满足市场主体和党员楼宇工作人群“需求”的政策设计、公共服务、公共治理的改善和提升，都属于区域营商环境的优化。基于此，笔者对长宁区商务楼宇的要素结构和需求结构进行重点分析，以此作为优化营商环境的基础。

一、楼宇工作人群员工群体：“三高”特征

被访楼宇工作人群员工，在年龄结构上，以40岁以下为主，占比达79.7%，其中超过半数为35岁以下，年轻化程度较高；在性别结构上，女性楼宇工作人群职工占比超过六成，男女比例略有失衡；在学历结构上，以本科学历为主，大专及以上学历总数超过九成，说明整体文化教育水平程度较高；在政治面貌上，中共党员占比近70%，党员群体规模较大，这一结果主要受到调研渠道的影响；在月收入水平上，18.3%的人员在6000元以下，收入在8000元以上的超过半数，其中10000元以上占比34.1%，整体月收入水平较高；在其所在企业/单位性质上，以普通的民营企业为主的占比45.7%，纯外资企业比例也相对较高，为26.4%。担任职务方面，近半数为普通员工的群体占比49.4%，中层管理人员/骨干占比24.6%。总体而言，

楼宇工作人群具有“三高”特征：年轻化程度高、文化教育水平程度高、月收入水平较高。

二、楼宇工作人群需求：注重基本民生服务

注重基本民生，期待楼宇社区以便民生活类服务为主。被访楼宇工作人群参加业余活动的时间大部分集中在周末、节假日，多数人员期待在楼宇社区参与以兴趣培养、运动、学习阅读为主的活动（见图 6-1）。在服务内容的需求上，最突出的是便民生活类服务占比达 42%，其次是技能提升类服务 22%、信息咨询类服务 21%、爱心公益类服务 14%（见图 6-2）。

具体到每一种类型的服务而言，便民生活类倾向于“健身场所、设施”“楼宇食堂”“休闲场所”等，技能提升类倾向“行业培训”“职场讲座”和专业技能沙龙等，信息咨询类服务集中在“政策咨询”和“法律咨询”等，爱心公益类集中在“电影沙龙”“健康教育与服务”和“驿站书屋”（见图 6-3）。可见，提高楼宇工作人群职工对楼宇社区的满意度要重视做好楼宇民生工作。

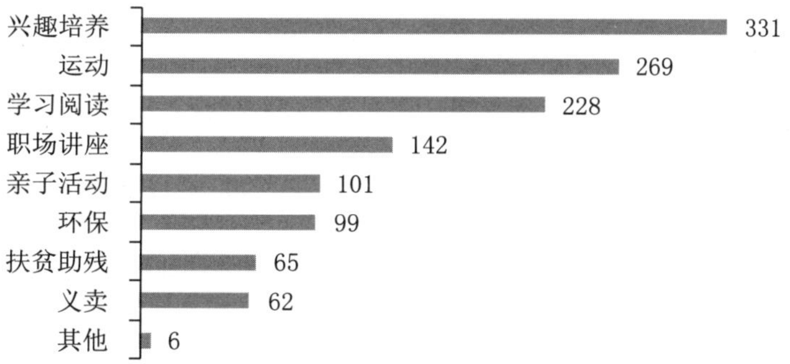

图 6-1　楼宇工作人群想在楼宇社区参与的活动类型（最多选三项）

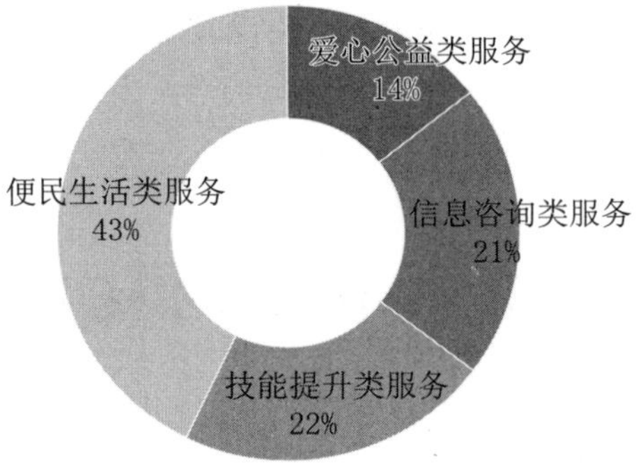

图 6-2 楼宇工作人群最希望楼宇社区提供的服务类型（N=508）

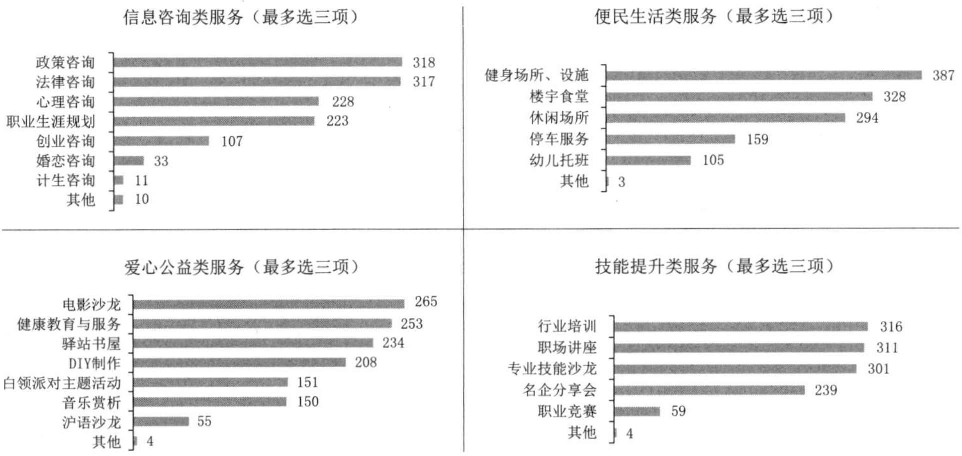

图 6-3 楼宇工作人群最希望楼宇社区提供的服务类型具体内容

注重交流互动，期待党群服务站点的平台作用发挥。有近 69% 的被访楼宇工作人群知晓本楼宇的党群服务站点，知晓率较高，但对党群服务站点活动的参与率并不高。从前期座谈的情况来看，参与率低并不意味着参与意愿不强，相反，多数党员楼宇工作人群对党建活动有较强的参与意愿，只是业余时间有限，难以兼顾。在服务期待方面，楼宇工作人群的多数需求集中在“提供健身场所、设施”“DIY 制作”和“电影沙龙”等方面（见图 6-4）。在他们看来，党群服务站点组织活动最突出的作用就是“有助于增进交流、提升楼宇社区凝聚力”和“解决楼宇工作人群实际需求”（见图 6-5），他们更希望党群服务站点通过“提供活动场地”“建立信息推送平台”等作用发挥来改善楼宇服务水平（见图 6-6），这样更能保证信息获得的及时性和全面性。这意味着，党群服务站在增强楼宇工作人群对楼宇社区的融入和归属感方面具有较大作用，要重视加强楼宇工作人群职工之间的交流互动，重点发挥平台作用。

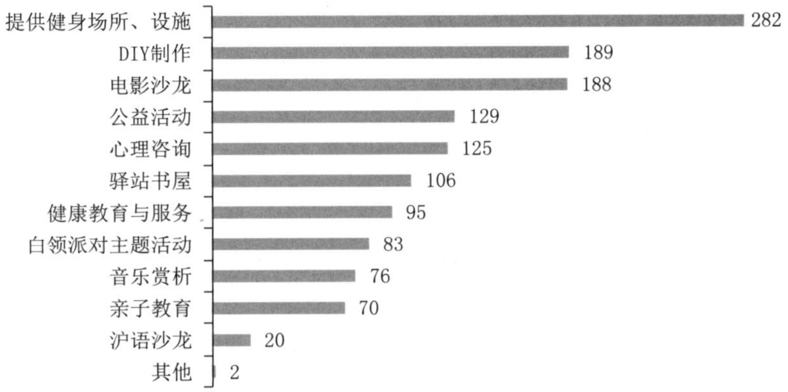

图 6-4　最希望楼宇党群服务站点提供哪些方面的服务（最多选三项）

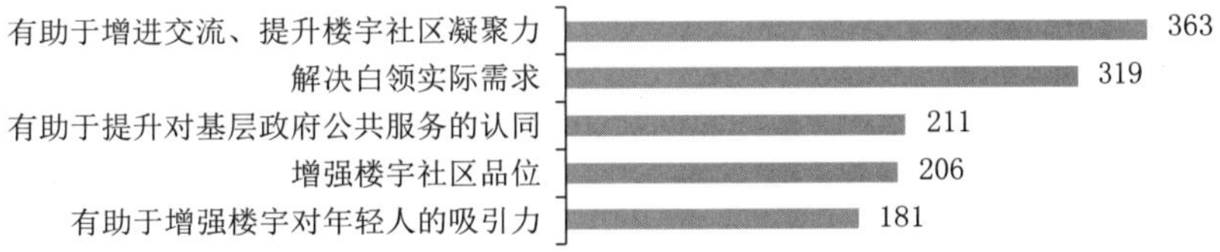

图 6-5　楼宇党群服务站点组织活动的意义（最多选三项）

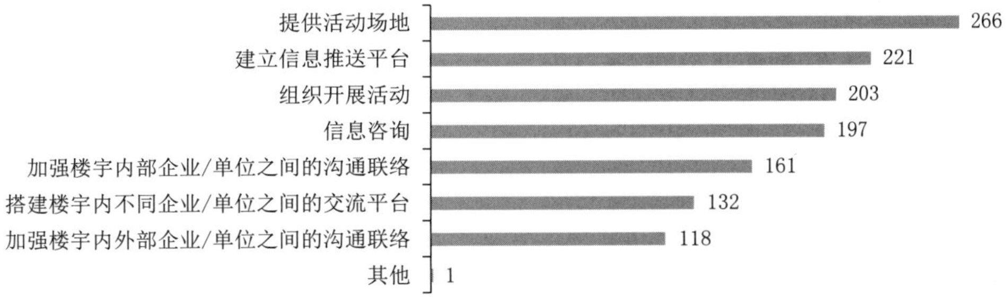

图 6-6　希望党群服务站点通过何种途径帮助改善楼宇服务（最多选三项）

三、楼宇企业特征：民营和外资企业占比高

分析被访的楼宇内企业主的信息可以发现：楼宇内的企业在性质上，以普通的民营企业为主占比为 59.2%；纯外资企业的比例也相对较高，为 17.5%。在企业规模上，综合企业 2018 年营业额和企业员工人数来看，2018 年企业营业额在 500 万元以下的企业占 37.5%，这部分企业其员工规模均值为 22.22，中值 12，众数 20；营业额在 10000 万元以上的企业占比 25.0%，其员工规模均值为 1536.96，中值 265，众数 433，说明楼宇内中小企业居多。在行业分布上，楼宇内企业整体以服务业为主，相对集中在商贸服务业 28.3% 和金融服务业 11.7%；企业所涉及的业务主管部门主要集中在税务局、市场监督管理局和人社局（见图 6-7）。

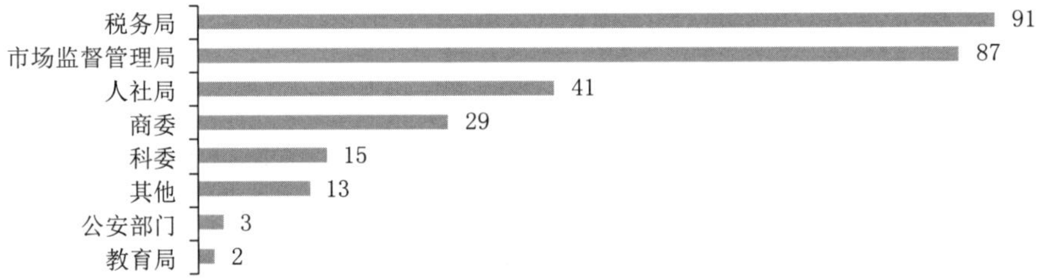

图 6-7　企业 / 单位对应的业务管理部门（最多三项）

四、企业需求

企业更希望党和政府在税收和审批流程上给予优惠和便利，其次还涉及办公场地租金优惠、税收业务通办等方面（见图 6-8），这与楼宇内企业的性质、规模和业态紧密相关（普通的民营企业，中小企业居多，且集中在商贸服务业和金融业）。对企业主而言，党建引

领优化营商环境需要在两个层面上发挥作用：一是从企业的角度出发，党群服务站更多的是提供政策咨询和沟通联络方面的服务（见图6-9），比如获得相关业务管理部门的指导、实现跨区域的部门联络、加强企业和目标客户之间的沟通对接等，党群服务站可以在工作过程中发挥枢纽作用，促进资源联动、共享；二是从服务楼宇工作人群员工的角度出发，要多为其提供便民生活类服务（见图6-10、6-11），为楼宇工作人群提供真正的实惠，尤其是外地户籍应届毕业生的落户

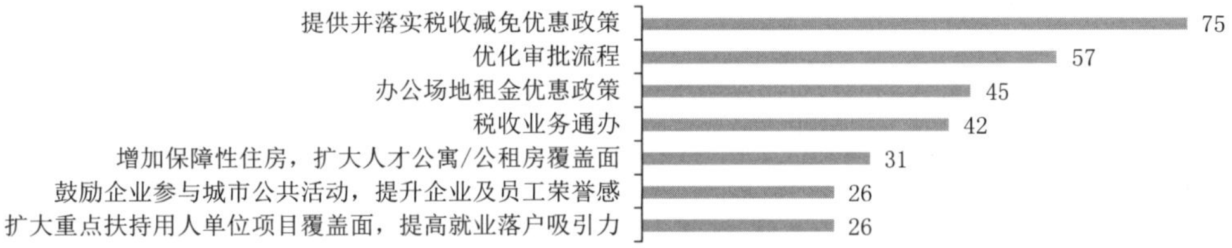

图6-8　企业主最希望党和政府提供的便利需求（最多选三项）

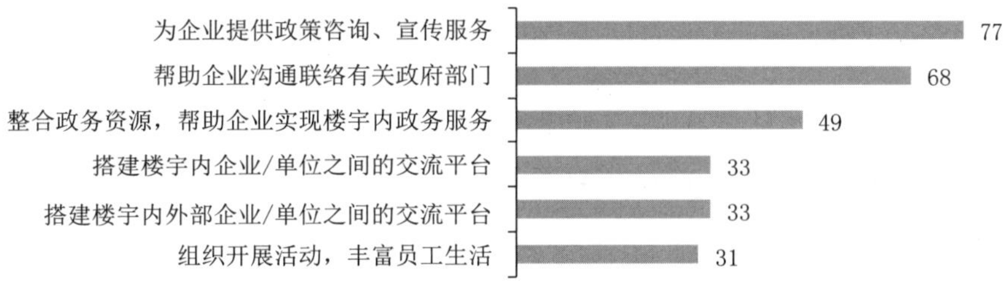

图6-9　企业主最希望通过楼宇党建为优化营商环境提供的服务（最多选三项）

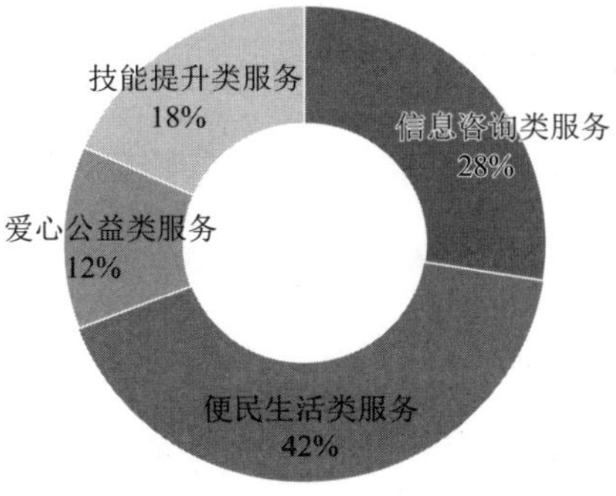

图6-10　企业主最希望楼宇社区为楼宇工作人群员工提供的服务（N=120）

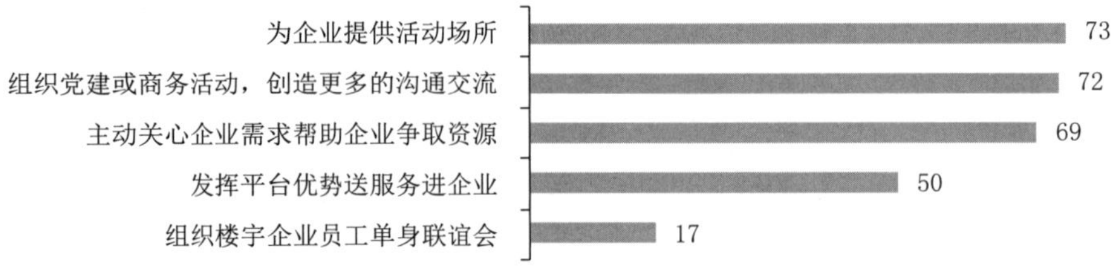

图 6-11　企业主希望党群服务站能提供的其他服务（最多选三项）

需求、住房优惠政策等，以民生服务吸引并留住人才。另外，部分企业主还强调要进一步提高政策尤其是针对企业的相关优惠政策的信息公开度、政务服务的便捷性等。

五、已有基础

近年来，为了满足企业楼宇工作人群的上述各方面需求，长宁区委区政府已经做了大量工作，打下了较为扎实的基础。按照市委提出的在推进楼宇党建等新兴领域党建过程中，要创新方式方法，把工作做进去，把组织建起来的要求，结合长宁楼宇工作实际，区委提出了楼宇党建工作要有利于提升组织力、突出政治功能，有利于促进企业生产经营发展，有利于党员骨干更好发挥作用，有利于提升社会治理水平，有利于巩固党在新兴领域的执政基础，有利于全面从严治党纵深推进等“六个有利于”的总体原则标准。坚持以服务党员、服务群众、服务企业、服务人才为导向，聚焦楼宇党组织组织力的不断提升，聚焦楼宇营商软环境的优化打造，聚焦党建引领楼宇治理格局的创新实践，重点推进以下三个方面工作。

一是楼宇党组织和党群服务站点的覆盖面极大提升。研究制定《长宁区楼宇党建 3.0 工作指南》，指导各街镇更好推进楼宇党建工作。目前，已实现标志性楼宇“大总支”建设全覆盖，其中虹桥南丰城、华敏·翰尊成立了楼宇联合党委。注重对接区域产业发展导向，探索“产业生态圈”党建新模式。程桥街道成立了航空行业党建联盟，虹桥街道建立了时尚创意产业联盟党委，华阳街道成立了“虹桥智谷”人工智能产业联盟党建专委会。在西井科技、拼多多、爱奇艺、分众传媒等一批重点非公企业中新（筹）建党组织。打造楼宇阵地示范点，2019 年来共新建改建东银、来福士、天山 SOHO、KING88、世贸商城、龙之梦雅仕、多媒体广场、申亚珺悦等楼宇阵地 21 处，全区楼宇党建服务阵地达到 78 处。

二是政策资源的投入不断加大。注重政治功能和服务功能并重，引入公共服务窗口、社区单位支持项目、专业社会组织、志愿者团队等，推进党务、政务、社会事务在楼宇内“一站式”通办，打造有颜值、有品质、有温度、有引领的党建阵地。在重点楼宇中，实现一楼宇至少配备一名专职党群工作者，通过培训，提升党群工作者服务企业的能力，努力实现“一人联系，全岗通办”。在党建标志性楼宇中，探索建立由街镇党群工作者、发展办干部、商会专职干部等共同组成的既懂党务又懂经济的楼宇服务“全科团队”。2019 年以来，共计开展各类服务项目 118 项，覆盖全区 95 幢商务楼宇，形成了“楼宇工作人群医小时”“楼宇课堂”“阅空间”“交友定向赛”“楼宇工作人群运动会”等一批服务品牌。配送“红色文化”主题党日经典线路进楼宇，如周桥街道在楼宇开设“三味学堂”，融党味、鲜味、趣味为一体，加强对党员和员工的政治引领和思想引领。出台《“楼宇工作人群午餐”定点挂牌餐饮企业（食堂）星级评定办法》，通过政策扶持吸引更多社会力量参与楼宇工作人群午餐项目，同时引入竞争机制，通过优胜劣汰让楼宇工作人群享受更加实惠的午餐，建成了楼宇工作人群午餐挂牌点 47 个，餐座达 8600 余个，每天可满足 1.6 万余人次用餐。整合各方力量，推出楼宇工作人群午餐、中医治未病等经常性服务项目，通过多年努力，在全区 68 幢重点商务楼宇实现了工作全覆盖。

三是楼宇公共治理水平不断提升。楼宇共治是社会治理不可或缺的重要一环，通过“三建融合”“交叉任职”等形式，将楼宇治理纳入社会治理的大格局中。比如，新泾镇和临空园区共同推出“绿色新泾、临空益园”服务平台，通过项目化社会化运作满足楼宇企业和员工的多元需求。鼓励楼宇党组织牵头楼宇物业开展公约管理，搭建楼宇物业间沟通交流的平台，积极引领推进楼宇共治。比如，针对目前外卖和快递进出楼宇引起物业管理难的矛盾，来福士广场楼宇党总支积极召集各方进行协调。东方维京楼宇党总支为解决企业员工“最后一公里”出行问题，同地铁站周边楼宇党组织协商，解决短驳车临时停靠问题。三是培育楼宇企业公共意识。引导企业和员工参与垃圾分类、进博会、公益扶贫等重要工作和公益活动，体现企业社会价值和积极向上的楼宇文化。比如，临空 SOHO、虹桥商务大厦等楼宇党组织开展“楼宇工作人群午间一小时——垃圾分类共参与”活动，推动楼宇和单位垃圾分类工作。

第三节　看清问题：当前提升楼宇党建优化营商环境的困难与短板

近年来，长宁区积极探索提升楼宇党建能级优化区域营商环境工作，并取得了明显的成效。但从目前来看，提升楼宇党建能级优化区域营商环境工作的开展仍然面临着诸多的困难和短板。这些困难和短板，概括而言，主要表现在以下四个方面：

第一，在政策扶持方面，对一些企业发展的政策宣传和扶持落地效率较低。当前，政府出台了不少扶持性政策，但部分政策与企业实际需求存在一定距离，特别是企业最为关心的优秀人才落户政策、购房政策等；另外，由于企业同职能部门之间的沟通联系渠道有限，使得企业难以及时了解有关政策，而导致这些政策未能充分发挥实效，或者存在落地困难。再者，党群工作者对企业关心的税收、人才落户方面政策缺乏充分了解，不能全面地为企业提供服务。企业员工的发展急需政策支持，在就业保障和就业促进方面需要政策的宣传和相关职能部门的协同协作。

第二，在人才队伍方面，人力资源的储备力量和稳定性尚待提高。一是内部人才队伍方面，楼宇党建服务站的日常负责人如站长或专职党群工作者需要“一岗多能”，培养一个成熟的、合格的楼宇党群工作者需要 3 年左右，但由于工作压力、薪资待遇、职业发展、人才交流等方面原因，这支队伍流动性较强。一些优秀的楼宇专职党群工作者刚刚成熟，可能就被交流或者调走，使得队伍的稳定性受到较大影响。另外，因为退休等现实问题，出现青黄不接和断层现象。二是外部人才队伍方面，楼宇“两新”党组织的党建骨干力量，如支部书记、副书记及委员等流动性快。根据目前一个党支部只能覆盖 5 家企业的规定，楼宇要拆分成好几十个党支部，但没有合适的书记人选，而且有些企业发展也不稳定，随时有搬迁可能，一旦成立党支部以后再搬离，就会产生空挂党支部和空挂党员的问题。

第三，在综合环境方面，楼宇的整体服务环境尚待优化。一是在党建服务方面，由于各个楼宇的情况不同，还有一些楼宇党建服务站的专业化建设亟待完成。如目前华敏·翰尊国际大厦党建服务站没有专人坐班，平时就靠党群工作者维护，还是存在缺陷，无法为楼宇内的工作人群提供专业服务。二是在企业服务方面，项目的开发不均衡。目前楼宇党建针对企业提供服务的项目开发，覆盖面还不够广、项目品质不够高。企业品牌的宣传急需政府和党组织助力宣传，扩大企业品牌在区域内的服务性和影响力，使社会效益和企业增值达到双向互促。三是在生活服务方面，尽管近年来“六个便利服务联盟”已经使大多数楼宇工作人群受益，但部分楼宇还存在着工作人群午餐的需求。如来福士广场已入驻企业 100 家，共 3400 多名楼宇工作人员。据调查，楼宇工作人群的午餐大多是外卖和网红店消费，有员工每个月的午餐消费达到 3000 元，同时，由于是随意外出购买零食性质的午餐，对身体的健康方面也可能会产生不确定性影响。

第四，在楼宇党建工作开展方面，部分楼宇党建活动开展难。因为企业正常的上班时间限制，企业党员参加正常的组织生活和党组织活动的时间非常有限。如果党建活动频率高，影响业主对党员员工的支持度。党建活动频次低，达不到党建覆盖的范围。党组织只有利用中午一个小时的午餐后时间来开展党的组织生活和党组织活动。一定程度影响了党员的积极性和参与率。

第四节　找准对策：提升楼宇党建能级优化区域营商环境的重点领域和突破方向

综合需求问卷调查结果和前期座谈情况，我们认为通过提升楼宇党建优化区域营商环境可以在以下方面进行重点探索和突破。

一是搭建联系平台。目前，楼宇作为“竖起来的社区”，市场主体密度和资源密度虽然很高，但楼宇内的市场主体和楼宇工作人群职员的关联密度却很低，缺乏有机联系，无法形成相得益彰的经济社会生态。因此，建议依托楼宇党建搭建楼宇社区联系平台，充分挖掘楼宇党组织和楼宇党群服务站点的平台功能。也就是说，让楼宇党组织和楼宇党群服务站点成为信息沟通、资源共享、社会交往的平台，而不能局限于党务活动。一方面，面向普通楼宇工作人群员工开设音乐、艺术、体育、交友等各方面活动，增强楼宇内的社会交往密度，提升楼宇工作人群员工的归属感；另一方面，面向企业中高层管理和技术人才，举办商业峰会、论坛和考察，提供交流平台，营造楼宇经济生态，促进专业人才集聚。同时，整合辖区资源，将楼宇企业涉及的相关业务主管部门，如市场监督管理局、税务局、人社局等部门也纳入其中，制定工作章程，规范运转，尽量实现内部盘活和交互。尤其要注重发挥联席平台在信息交流、政策信息公开和传达等方面的作用。

二是丰富沟通渠道。楼宇党建不单是加强楼宇内部企业之间、企业和辖区相关部门之间的沟通，还应该关注、关心企业发展。比如，电商业务覆盖面广，跨区域特征明显，对企业个体而言，拓展业务渠道有限，需要耗费较多时间和资源，楼宇党组织则可以借助自身的组织优势为相关企业提供跨区域联络的沟通渠道，减少企业自身的投入成本，为相关行业的供需对接提供便利。通过党建引领，提升产业服务的整体性和一体化水平。针对楼宇园区提升运营能力、服务新兴产业发展方面的考虑，为更好地解决企业的难点、堵点、痛点，通过党建引领，推动产业和人才的加速集聚，当好“店小二”，进一步服务企业，营造良好的产业生态环境。各行政职能部门要加强横向联动，创新企业服务方式，注重产业集群发展，提供产业集成服务，共同打造产业联盟和产业服务群，并同步建立党建专委会。形成产业发展集聚效应，推进各产业领域的优秀人才集聚发展，促进产业发展，打造党建引领下的产业发展与社会治理共建共享新模式。

三是强化基础设施。党群服务站点既是党建活动的展示空间，也是企业、楼宇工作人群的交往空间，更是党和政府加强基层党建和社会治理的资源配置空间。因此，楼宇党群服务站点，是楼宇党建和楼宇社区治理的基础设施，是服务楼宇企业和党员楼宇工作人群的“最后一公里”，具有不可替代的重要功能。强化楼宇党群服务站点建设，力争按照居民区“家门口服务体系”的标准，逐步打造楼宇社区的“楼门口服务体系”，形成布局完善、覆盖面广的楼宇党群服务站点网络。加强站点的功能集聚，将党务、政务、事务等基本服务事项整合到楼宇党群服务站。比如，涉及楼宇工作人群个人的保障房申请、居住证办理等政策信息咨询和简单事项办理事宜，涉及企业的行政审批、税务办理等政策信息咨询和简单办理事宜，通过楼宇通办实现功能扩充，形成全方位、多层次的楼门口服务体系，进一步提高楼宇工作人群和企业对楼宇社区的满意度。利用全市大力推进“一网通办”的契机，梳理楼宇需求清单，对接税务、金融、市场监管、民政等条线部门，在有条件的情况下在楼宇内配置“一网通办”的终端设施，开展事务受理、信息查询、业务咨询等服务。参照基层党建中心按照“两新”组织数配比专职党群工作者的方式，按照楼宇企业与楼宇工作人群的体量来配备楼宇站点的内部管理人员，以便于实际操作中可根据工作开展情况分配具体任务。强化对楼宇“两新”组织党支部书记的培养教育管理保障工作力度，通过顶层设计，在基层党组织中形成行之有效的干部培训机制，对楼宇党建工作的整支队伍的培训制度常态化，从思想建设、党建理论、操作实务等全部涵盖，尤其对新上任的书记作重点培训。在“两新”组织中以处于职业生涯的稳定期的企业中层干部为重点培养对象。在核心人物支部书记的选拔上建议形成三年培养计划，建立党建人才储备制度，从入党申请人、入党积极分子、正式党员中建立梯队培养模式。出台楼宇“两新”党建书记的职业发展绿色通道，让党建业务能力强，表现突出的支部书记在企业有更好的发展前途，更广阔的升职空间。

四是增强关联纽带。调研中，楼宇企业普遍反映，对政府服务需求较大，但存在有关诉求无法及时得到表达并反馈、政企沟通渠道匮乏等问题。应充分发挥楼宇党组织的枢纽功能，更好地起到代表、沟通的作用，在楼宇企业和有关部门之间通过党组织和党建活动搭建关联纽带和沟通桥梁。试点推动条线部门行政党组和楼宇党组织开展党建联建，以党建促交往，以党建促信任，以党建促发展；在有条件的楼宇积极组织企业、物业、基层党组织等参加的联席会。以楼宇党建联接辖区行政党组织和楼宇“两新”党组织，一方面便于实现楼宇社区党员管理全覆盖，另一方面，通过楼宇党建联建可以缓解部分企业因企业性质、规模等客观原因造成的党建资源不足等问题，促进楼宇内部各企业之间党建资源共享，丰富党建活动内容，从而提升整个楼宇社区的党建质量和活动吸引力。对于楼宇的整体服务环境，其一要均衡性进行相关项目开发，整合基层资源、完善顶层设计，从源头入手，将基层党建的工作力量与服务企业的工作力量有效整合，真正发挥党建引领、服务经济的功能。其二要进行多元力量整合开展党务活动。由于在党建阵地开展各类活动，单靠党群工作者全盘策划无法面面俱到，建议通过专项资金社会组织承接，充分利用楼宇企业的业主、工会和人事部门的支持和参与。其三进一步创新举措，加强党建文化与企业文化以及营商环境的融合度，找到最佳契合与共建点，让党建成为真正的生产力；适度加大每年楼宇“两新”组织党员的发展额度，提升两新楼宇的工作动力与积极性。

五是做实民生服务。在不同类型的服务需求中，无论是楼宇工作人群还是企业，都把便民生活类服务放在楼宇工作人群需求首位：楼宇工作人群看重楼宇社区的健身场所、楼宇食堂、休闲场所、停车服务、幼儿托班等服务；企业也把能否落户、是否能申请保障性住房、是否有利于子女教育等政策作为吸引人才的重要条件，可见，要帮助企业吸引人才、留住人才，做好民生服务是基础。楼宇党建要从服务楼宇民生的角度出发，把资源优势利用到帮助楼宇工作人群解决实际生活问题中，如健康饮食、健身场所等，提升楼宇工作人群和企业对楼宇社区的归属感，这也是党群服务站组织活动的重要意义所在。面向企业楼宇工作人群，提供“六个便利”“楼宇工作人群午间课堂”等多元化服务。

六是加大政策支持。精准对接产业发展中对政策、法律、园区楼宇载体等专业服务的需求。一是吸引人才聚集上海，并获取企业认证、落户上海加分等人才政策扶持。经过党委组织部门指导，帮助推进重点扶持用人单位的审核制和积分制加快落地，使企业人才融入企业和社会发展。二是面向企业高层人才，开展人才政策解读，提供个性化服务，包括居住环境、子女教育、娱乐设施等方面的个性化需求，争取做到“量身定制、一人一策”，系统化解决各项需求。市区两级加紧研究商务楼宇社区化的可行途径，将商务楼宇纳入基本公共服务体系和民生实事项目的辐射范围之内。对于区级层面的政策创新，市级层面要加大指导力度，尽快出台相关指导文件。市层面要加强同相关部门合作，制定措施，明确新建楼宇必须参照小区的公建配套配备一定比例的面积用于为楼宇工作人群服务，为基层推进楼宇党建工作提供支撑。

第七章 总结与展望

习近平总书记指出，党的基层组织是党的肌体的“神经末梢”。加强基层党组织建设，要以提升组织力为重点，突出政治功能。要健全基层组织，优化组织设置，理顺隶属关系，创新活动方式，扩大基层党的组织覆盖和工作覆盖。要探索加强新兴业态和互联网党建工作，扩大党在新兴领域的号召力和凝聚力。要构建党组织统一领导、各类组织积极协同、广大群众广泛参与的基层治理体系。[1] 习近平总书记一向重视上海的楼宇党建工作。2018 年 11 月首届中国进出口博览会期间，习近平总书记考察陆家嘴金融城党建服务中心后，充分肯定上海创新党建工作的思路和模式，希望上海在加强基层党建工作上继续探索、走在前头。2018 年底，上海市委印发《关于以组织体系建设为重点推进新时代基层党建高质量创新发展的意见》。在此基础上，市委组织部出台《关于进一步深化推进本市商务楼宇党的建设工作的意见》，对上海楼宇党建向着更高质量创新发展作出具

[1] 习近平：《论党的自我革命》，党建读物出版社 2023 年版，第 246—247 页。

体部署。以此为契机，近年来上海商务楼宇党建迎来新的快速发展阶段。

楼宇的崛起是上海这座超大型城市快速转型和发展的重要表现，也是世界上所有超大型城市发展的重要象征。楼宇的崛起直接带动了楼宇经济的发展。与此同时，一个崭新的楼宇空间快速成长起来。楼宇空间绝不是单一经济维度的空间，它更是一个交往的新型空间，一个服务的新型空间，更是一个治理的新型空间，一个执政的新型空间。正是在这一背景下，1999 年，上海市浦东新区潍坊新村街道的嘉兴大厦党支部作为全国第一个楼宇党支部在潍坊街道嘉兴大厦应运而生了。这是一个带有里程碑意义的基层党组织。随着上海加强基层建设、创新社会治理步伐的不断推进，楼宇这个竖起来的“立体社区”也被纳入社会治理体系重构的轨道上来了。“楼宇社区”，这个崭新的概念蕴含的是新型执政空间、新型服务空间和新型治理空间的出现。可以预见，楼宇规划中的治理、楼宇内部公共空间的法律规定、楼宇与周边环境和居民生活社区的互动、楼宇公益的推动、楼宇物业联盟的构建等，均会成为未来上海楼宇社区治理的重要构成部件。楼宇社区绝对不能成为社会治理的盲点，楼宇绝对不是沿着单一市场逻辑和物权逻辑自我封闭的空间，楼宇绝不是我党执政体系之外的独立空间，这已经越来越成为重构新型社会治理体系的共识。20 多年来，上海楼宇党建从无到有，以极大的改革勇气直面城市基层党建的新情况新问题，锐意创新推动楼宇党建不断发展壮大，截至目前已经较为完整地经历了“建组织”“送服务”“做治理”“强功能”等四个主要发展阶段，并形成了一系列行之有效的经验举措。

第一节 新时代楼宇党建形态的递进与提升

嘉兴大厦建立全国第一个楼宇党支部，是改革开放时期基层党建一个里程碑式的事件。随着时间的推移，上海楼宇党建的形态也在不断演化，楼宇党建的功能也在不断扩展，楼宇党建的使命也在不断更新。基于我们对上海商务楼宇党建过去20余年的梳理总结，我们提出了从“1.0版”到“4.0版”的楼宇党建的迭代形态，总结出不同迭代形态下“组织嵌入”“服务凝聚”“治理创新”“功能拓展”的内涵。这四种楼宇党建模式在不同历史时期的发展重心是不一样的，其中确实存在前后相因的时间推进线；但与此同时，这四种模式也构成基层行动者推动楼宇党建创新的重要理论武器。当前，上海商务楼宇党建实践呈现出复线前进的景象，四种模式齐头并进，都有相应的表现。

一、组织嵌入的不断发展

组织嵌入是开展楼宇党建工作、发挥基层党建功能的基础，楼宇党建的一切创新都以建立各种形式的楼宇党组织为基本前提。1999年6月在嘉兴大厦建立起第一个楼宇联合党支部，开启了“支部建在楼上”的历史。楼宇社区内的社会经济组织以“两新”组织为主，“两新”组织存在单位小、分布散、流动快、变动大等特点，一旦党员跳槽或企业歇业，党支部也随之消失，出现了“开关型”的支部现象。楼宇党组织作为一个跨地域、跨行业、跨所有制的联合党组织，实现了楼内党员不出大厦就能参加党的活动，使党员离土离乡不离党，重新找到了“娘家”，有效解决了楼宇内因各自单位党员人数少、党小组无法建立导致的“无处过组织生活、无人接转组织关系、无法发展新党员、无法发挥党组织作用”等一系列问题，实现了党的工作在楼宇内的有效覆盖。因而，组织嵌入的楼宇党建1.0版起到了很好的回归与纽带作用。综合来看，楼宇党建1.0版本具体负责“两新”组织的党建工作，通过“支部建在楼上”，帮助一大批“流动”党员找到了组织。但此时的“两新”组织仅仅强调了“建党”，而与此相应的工、青、妇组织、派遣党建工作联络员等融合工作和扩大党的工作覆盖面的工作还未完全展开。在实践中，建立楼宇党组织也并非易事。其中最大的困难就在于，党组织的建立需要找到某种相对具体、可靠的依托单位。上海各街镇通过坚持不懈的探索，目前形成了几种主要的建立楼宇党组织的方式。

一是通过物业公司牵头建立楼宇党组织。楼宇当中的“两新”组织具有流动性强、党员分散的特点，部分“两新”组织存在党建积极性不够高、认识和投入不足等问题。而楼宇物业公司则相对稳定，且具有做好楼宇党建的内在需求。目前，上海商务楼宇党建的进一步行动在“建组织”的层面，往往会注重发挥物业公司的独特作用，联通楼上楼下，以“柔性党建”增强感情认同，实现楼宇党建的“自转”。例如在徐家汇街道上实大厦、漕河泾街道中星城等楼宇党建服务站建设中，物业经理担任楼宇联合党组织书记，形成以物业管理为依托，以党支部为核心，以党员队伍为支撑的工作模式。

二是依托国企党建引领，发挥核心党组织的带动作用。商务楼宇当中也有大量国有企业，这是我们开展楼宇党建可以依托的有效力量。国企往往自身的党组织设置较为完备，党建资源较为丰富，多数配备有专门的党务工作者，对党建工作的认识和重视程度也比较高。

因此，如果能够在商务楼宇当中发现并发动国有企业参与楼宇党建，甚至动员国有企业牵头本楼宇的党建工作，通过资源辐射、资源共享等方式带动楼内的“两新”组织，那么该商务楼宇的党建工作就具备了较为坚实的基础与可靠的依托。例如，申通信息广场联合党委由上海交大产业集团的中层干部担任党委副书记，形成“1+N+X”楼宇党建格局，“1”即以交大产业集团党委为主，“N”即用友上海分公司党支部及楼宇内的其他各党组织，“X”即楼宇内无党员企业和各类服务资源。楼宇联合党委的7名委员，分别来自楼宇内不同领域的党组织，共同营造“同一屋檐下，同为一家人”的格局。

三是通过区域统筹，形成多元融合的联动党建格局。商务楼宇虽然具有一定的社区属性，因此被称为“竖起来的社区”“垂直社区”。但是，商务楼宇毕竟主要是经济空间，不可能参照居民区均等配置有关党建和治理资源。同时，不同的商务楼宇体量和能级也存在较大差异，有的商务楼宇治理要素较为齐全，可以找到能够依托的楼宇党建主体；而有的商务楼宇则可能以小、散、弱的“两新”组织为主，尚不一定具备开展高质量楼宇党建的基础。因此，一些街镇探索将区域化党建思路和联建共建机制引入楼宇党建之中，通过跨楼乃至跨区域统筹，形成多元融合的联动党建格局。例如，由街道社区党委牵头整合区域内楼宇党组织资源成立联合党委、楼宇理事会、楼委会等跨区域楼宇党组织，并吸纳“两新”组织和市级职能部门、国有企业、三甲医院、居民区、楼宇产权单位等各方面代表，变“各敲各鼓”为“同奏一曲”，形成楼宇党建共同体，实现资源和力量整合。

四是采取街镇兜底的方式，积极为楼宇党建注入能量。在一些基础资源比较薄弱的楼宇当中，开展楼宇党建的内生性力量严重缺乏，同时也可能难以找到其他有效的依托或辐射力量，这时候就需要街镇发挥兜底作用，为商务楼宇注入专门的党建工作力量和项目资源等要素，推动楼宇党建走上良性发展轨道。例如，徐汇区在500米党建服务圈建设中，明确要求街镇把建强楼宇党组织作为重要任务，每栋楼宇都配备党建工作指导员。对于暂时不具备条件的楼宇，由街镇兜底，与其他楼宇组建联合支部或编入流动支部。各街镇普遍将楼宇党建作为新时期加强“三建融合”的着力点，新建站点首先确保覆盖楼宇，配送资源首先向楼宇倾斜。同时，注重在党组织的引领下，用社会化方式满足多元需求，许多楼宇站点通过购买社会组织服务的方式，让专业的人做专业的事，进一步延长党建工作的手臂。浦东新区始终坚持开放融合、统筹推进，把楼宇党建工作纳入城市基层党建整体格局。在组织架构上，推动“三建融合”，以开发区管委会党组或街镇党（工）委为核心，开发区综合党委或社区党委为责任主体，楼宇行业组织为纽带，区域化党建平台为依托，楼宇入驻单位为基础，党政社群各方共同参与，推动区域化党建、“两新”组织党建、居民区党建互联互补互动。在阵地建设上，突出共建共享，运用“众筹”理念实现“空间资源共享”，场地免费使用、借用、合用，活动联合开展，打造开放性、集约化、共享性的党群工作平台。

二、服务凝聚的不断提升

商务楼宇属于新社会空间，“两新”组织属于新组织形态，其中的党员楼宇工作人群属于新社会人群。这是因为，这一领域不同于原来的单位体系，也脱离了基层社区体系。因此，一方面原有的党组织体系覆盖不到它；另一方面，现有的通过社区配送的基层公共服务体系也顾不到它。与此同时，相比于刚性的基层政权建设和正式的党建要求，通过向楼宇中注入相应资源，以服务的形式向“两新”组织特别是其中的党员楼宇工作人群传递党和政府的关爱，是一条在党组织和新社会空间之间建立联系，进而培育信任和情感的有效路径。因此，从上海商务楼宇党建早期通过资源配送和服务传递来凝聚楼宇中的党员楼宇工作人群就是一条重要的创新经验。虽然嘉兴大厦“支部建在楼上”主要是组织嵌入，但那时候也已经有少量资源被投入楼宇当中，服务于“两新”组织党员。以2004年浦东新区阳光驿站的建立为标志，随之有大量的资源和项目进驻楼宇党群服务站点，此后上海楼宇党建许多新的活动空间和品牌的培育和涌现，则使得楼宇党建真正浮出水面，走向大众视野。在商务楼宇当中建设党建空间站点，意味着上海商务楼宇党建正式进入了以服务凝聚为主的创新模式。近年来，商务楼宇党群服务阵地建设出现了一些新的特征。

一是更加重视资源集中。开展楼宇党建，存在条线众多，资源分散，例如党建资源和工青妇群团资源分散，党员楼宇工作人群的需求也不一致等客观情况。因此，必须树立集约思维，通过项目化集成、人性化管理等方式，有效发挥楼宇党建服务站点的学习阵地、活动场地、服务载体等集约式平台作用。依托党建服务圈形成集成式“资源配送库”，在教育培训、政策咨询、社交活动配送等方面，依托“资源、需求、项目”等“三张清单”为服务平台提供强有力的支撑。例如，徐汇区注重资源的统筹效应，运用商务楼宇“500米服务圈”的概念，以区域为单位形成资源统筹的辐射效应。例如，衡复风貌区党建聚焦淮海路沿线商务楼宇及周边单位，创新整合服务资源，将“环贸 IAPM”（环贸广场）、“淮海 1298”（永隆大厦）、“淮海大隐”（大隐书局）、“淮海瑞力”（瑞力大厦）及徐汇艺术馆等站点连点成线，形成“下一站·党建服务站”体系，让沿线楼宇的工作人群都能接受到相对均衡的党建服务。

二是更加注重功能集成。例如，随着杨浦“三区一基地”的推进，哔哩哔哩、EMC 等一批互联网行业领军企业，带头撬动业内 2100 余家初创、小微企业，联手演绎“大象起舞、蚂蚁雄兵”；流利说等一批深具潜力的“独角兽”企业如雨后春笋般活力涌现，呈现了积极迅猛的发展态势。区委紧密结合楼宇、产业、企业发展特点，建立“条块结合、部门协同”的楼宇党建工作机制，统筹调配 110 多名党群工作者直接联系推进楼宇党建工作。街道发挥互联网企业优势，对年轻人关注的在线办事系统进行梳理整合，推出“家门口的政务服务”平台，方便企业和楼宇工作人群在线办理民政救助、劳动保障、医疗保险、居住登记、工会事务、创业服务等 80 项社区政务事务，不出楼就能实现政务服务“一口受理”“一揽通办”。

三是更加强调平台机制建设。从形态上来说，商务楼宇就像“竖起来的社区”，有大量“两新”组织和党员楼宇工作人群生活、工作于其中，这些组织和个人虽然主要是开展职业活动，但也存在吃饭、出行等客观需求，以及团队建设、社会参与、情感联结等内在需求。这个空间虽然主要是经济性空间，但其中的社会性、政治性色彩不可忽视。因此，必须与时俱进，在建立楼宇党组织的基础上，探索设立一定的社会治理机制，从而解决商务楼宇这一特殊的新社会空间的治理体系空白问题。因此，一些地方在此基础上进一步探索设立制度化的治理平台，例如楼宇理事会、楼宇联合党委、楼宇治理委员会等新的党建引领治理机制。例如为应对新冠肺炎疫情对楼宇企业的冲击，2020年，普陀区以“四史”学习教育为契机，聚焦楼宇企业“急难愁盼”问题，深化“一楼统管”工作内涵，成立近铁楼宇党委，同时参照社区居委会模式，建立“楼委会”。由街道、市场监管所、派出所、楼宇产权方、物业、入驻企业代表等共同组成“楼宇多元治理共同体”，实现了组织融合一起抓、服务聚合一起上、工作整合一起推，大大激发了楼宇各方参与治理的热情。普陀区经过各部门联手研究解决对策和梳理管辖权，最终确定长风新村街道为唯一的“店小二”对近铁城市广场实施“一楼统管”，致力于解决体制不顺、运行不畅、管理不优的问题。

三、治理创新持续进步

楼宇是众多新经济新社会组织的“栖身之地”，集聚着大量的从业人员，其中绝大多数为年纪轻、学历高、素质好的楼宇工作人群。由此一方面使得楼宇成为大量财富的创造之地、无限活力的蕴藏之地，另一方面又给城市基层管理带来了巨大挑战。从最初的“建党”向“党建”转变，并开始向打造服务型党组织建设迈进，切实发挥基层党组织的服务引领作用。楼宇党组织发动楼内“两新”组织的青年楼宇工作人群开展党员先锋岗活动，制定党员先锋岗服务承诺，树立党员的良好形象；组织党员和入党积极分子参加社区的便民服务活动和贫弱帮扶活动，到敬老院慰问老人，资助社区贫困生等身边的弱势群体。不少青年楼宇工作人群表示在服务社会的过程中找到了自身的价值。

一是运用社区治理思路强化楼宇治理。在此基础上，楼宇党建成为加强楼宇治理、促进城市社会和谐的重要引擎和重要基础。一些地区积极探索党组织领导下的楼委会为架构的楼宇自治模式，鼓励楼宇党组织牵头楼宇物业开展公约管理，搭建楼宇物业间沟通交流的平台，积极引领推进楼宇治理。比如，针对目前外卖和快递进出楼宇引起物业管理难的矛盾，普陀区近铁广场楼委会积极召集各方进行协调，在“竖起来的社区”里，探索与市域治理现代化要求相适应的楼宇党建工作模式。由楼宇联合党委领导的“楼委会”在社会治理中不断打破圈层壁垒，整合更多资源，寻求治理效能的最大化，着力打造“楼宇居委会”的样板间。如果说早期成立楼宇党组织的主要目的在于扩大“两个覆盖”，特别是填补基层党组织覆盖的空白和盲点，那么在此基础上成立楼宇治理机制，则是基于商务楼宇“垂直式街区”“立体化社区”的特点，以优化组织设置、加强整体统筹来推动楼宇党建能级提升。南京西路街道恒隆广场联合党委依托“白领驿家”楼宇党建服务站和恒隆广场商圈党建联席会议，正着手整合“楼小二”行政服务功能和楼宇综治服务站功能，探索成立楼宇委员会，建立商务楼宇中的“居委会”，提升楼宇管理服务水平。

二是针对楼宇党员楼宇工作人群的治理和参与需求不断延展治理边界。楼宇作为类社区的“新社会空间”，一方面是存在通过优化治理解决楼内党员楼宇工作人群的日常需求的问题。例如，很多楼宇体量较大，楼内往往集聚了数千乃至上万人，如此大的人口规模存在迫切的交通需求。南京东路街道东方维京楼宇党总支为解决企业员工“最后一公里”出行问题，同地铁站周边楼宇党组织协商，解决短驳车临时停靠问题。另一方面，楼宇内的“两新”组织和党员楼宇工作人群本身具有较强的治理能量和参与需求，但是此前基层治理体系相对忽视了这部分组织和个人的治理能量和参与需求。一些楼宇党组织结合“双报到、双报告”制度，鼓励引导企业和员工参与垃圾分类、精品小区建设、公益扶贫等重要工作和公益活动，体现企业社会价值和积极向上的楼宇文化。比如，长宁区临空 SOHO、虹桥商务大厦等楼宇党组织开展“楼宇工作人群午间一小时——垃圾分类共参与”活动，推动楼宇和单位垃圾分类工作；爱尔眼科精准救助长宁对口支援的绿春县贫困眼疾患者，建设“无盲绿春”，使商务楼宇治理能量有效辐射到周边社区，更好地增强了楼宇社区、居住社区的“两社联动”。

三是积极发挥楼宇党员的治理正能量，有效建设社会治理共同体。运用多种形式和手段提供服务，积极开展党员示范岗位、党员公开承诺和“两新”组织党员志愿公益服务等活动，为服务群众创造条件、提供动力。楼宇党建工作的推进使得基层党组织对楼宇物业和入驻楼宇的众多“两新”组织发挥了引领作用，使得入驻楼宇的众多“两新”组织的利益诉求得到了有效回应，让企业与企业之间、员工与员工之间的交流互动显著增加，使得企业员工的精神文化生活更加丰富。不少街道通过搭建商务楼宇、社区楼组“双楼”联动平台，集约楼宇内外资源，服务“楼宇工作人群”“白发”群体多元需求。无论是商务楼宇工作人群关心的午间就餐难、停车难，还是社区楼组老人关心的子女就业、文体活动场所等问题，在区域化党建平台上都能“你呼我应”，一个个难题迎刃而解。随着融合共建逐步深入，越来越多的楼宇企业、员工走出高楼电梯，走进社区居委。例如，浦东新区充分发挥楼宇党组织在党员群众中的引领、服务、凝聚作用，通过“助力首届进博会，‘两新’组织在行动”等活动，把志愿服务、爱心慈善做到社区群众的家门口；在普陀区长风街道，以长相荟·纳什空间党建服务站为纽带，楼宇工作人群党员正成为社区服务的新生力量。

四、功能拓展的持续优化

中国共产党自诞生之日起就明确党的宗旨在于为人民群众服务。毛泽东同志曾经说：“解决群众的穿衣问题，吃饭问题，住房问题，柴米油盐问题，疾病卫生问题，婚姻问题。总之，一切群众的实际生活问题，都是我们应当注意的问题。假如我们对这些问题注意了，解决了，满足了群众的需要，我们就真正成了群众生活的组织者，群众就会真正围绕在我们的周围，热烈地拥护我们。”[1] 而不同的历史时期，不同的群众，会存在不同的问题和需求。这就要求我们党必须密切关注群众问题和需求的变化，不断调整自己的工作重心，始终紧紧围绕群众真正关心的问题开展工作。对于商务楼宇内的“两新”组织和党员楼宇工作人群而言，其需求存在较强的多样性和变动性，这就需要开展楼宇党建的时候保持敏锐、因势利导。当前，经济下行压力较大，商务楼宇营商环境的优化提升是重要的中心工作之一，商务楼宇党建也不断拓展其功能边界，由此前的“建组织”“送服务”“做治理”延伸到优化营商环境。

一是牢固树立党建就是生产力的理念。商务楼宇党建功能拓展，

[1]《毛泽东选集》第1卷，人民出版社1991年版，第136—137页。

一个重要前提在于打破过去“就党建论党建”的思路，而是将党建工作同党委政府的中心工作紧密结合，同经济社会发展的实际需求紧密结合。过去，我们通常认为，营商环境主要是市场领域、商务领域、金融税收领域的工作，而党建则主要是组织层面的工作。随着基层党建创新的持续推进，我们逐渐认识到，这种将党建工作和经济社会发展中的具体工作、专业工作分割开的看法具有很强的局限性。习近平总书记明确指出：“党建工作，做实了就是生产力，做强了就是竞争力，做细了就是凝聚力”。优化营商环境的本质在于安商留商，更好更快地促进楼宇经济发展，满足楼宇党员楼宇工作人群的美好生活需求。因此，对于“营商环境”应做广义理解，优化营商环境的定义不能局限于开办企业的便利程度和金融税收优惠政策等经济层面，而应着眼于市场主体和党员楼宇工作人群的“需求”。笔者认为，有助于满足市场主体和党员楼宇工作人群“需求”的政策设计、公共服务、公共治理的改善和提升，都属于区域营商环境的优化。对商务楼宇党建而言，党建引领优化营商环境需要在两个层面上发挥作用：一是从企业的角度出发，党群服务站更多的是提供政策咨询和沟通联络方面的服务，比如获得相关业务管理部门的指导、实现跨区域的部门联络、加强企业和目标客户之间的沟通对接等，党群服务站可以在过程中发挥枢纽作用，促进资源联动、共享；二是从服务楼宇工作人群职工的角度，要多为其提供便民生活类服务，为楼宇工作人群提供真正的实惠，尤其是外地户籍应届毕业生的落户需求、住房优惠政策等，以民生服务吸引并留住人才。另外，部分企业主还强调要进一步提高政策尤其是针对企业的相关优惠政策的信息公开度、政务服务的便捷性等。

二是明确商务楼宇党建应围着企业转。在商务楼宇党建“1.0时代”，楼宇党建的重心主要围绕组织建设转，这是打基础的重要行动，但未能充分发挥出党建的政治功能。“2.0时代”楼宇党建侧重于服务凝聚，重心在向“人”转移，但思路仍然主要是通过服务传递而将党员群众凝聚到党组织身边来。“3.0时代”楼宇党建开始拓展治理功能，一方面确实有助于解决楼宇治理中的一些实际问题，另一方面还能有效激发楼宇社区的治理能量，创造党建引领的楼宇社区治理共同体。“4.0时代”楼宇党建更进一步，将“建组织”“送服务”“做治理”都当作“手段”，真正目的在于服务企业楼宇工作人群，从而使楼宇党建真正同其中的经济社会要素紧密结合起来。在上海全力推动经济发展、全力打响“四大品牌”、全力建设社会主义现代化国际大都市的大背景下，商务楼宇党建的重心自然而然转向了优化营商环境这一中心工作。调研发现，一些区将商务楼宇党建的工作“提级谋划，高位推进”，由区委组织部门进行统筹，聚焦楼宇营商软环境的优化打造，聚焦党建引领楼宇治理格局的创新实践，进一步深化新时代商务楼宇党的建设工作。例如，长宁区坚持在推进楼宇党建工作中，创新体制机制、组织设置和方式方法，编写《长宁区楼宇党建3.0工作指南》，深耕细作标志性商务楼宇党建工作，聚焦金虹桥、东银中心等亿元楼先行先试建立覆盖整幢楼宇的党总支，通过交叉任职，将楼宇内各类党组织资源和党的工作力量聚合起来，使“铁打的党组织”更好地教育管理服务“流动的党员”。由街镇和条线相互配合，共同发力，配齐配强楼宇工作力量，在全区标志性楼宇探索建立由街镇党群工作者、发展办干部、商会专职干部等共同组成的既懂党务又懂经济的楼宇服务“全科团队”，在全区重点楼宇实现“一人联系，全岗通办”。完善楼宇（园区）党建服务中心阵地功能建设标准和规范，紧盯新建或升级改造的重点楼宇，会同各街镇在楼宇建设或布局调整时同步协调落实党建阵地，使全区楼宇党建服务阵地达到78处，为长宁优化营商环境提供支撑保障。完善优化“党建连线、行政联手、社会联动”“六个便利”运作模式，形成“六个便利”服务资源清单、需求清单和项目清单，“楼宇工作人群医小时”“楼宇课堂”“阅空间”“交友定向赛”“楼宇工作人群运动会”等一批服务品牌深受企业欢迎。

三是持续强化楼宇内部的政务服务水平。与过去一段时间里，商务楼宇是党建真空、行政真空、治理真空不同，如今上海的商务楼宇中越来越集聚了丰富的治理要素。在“4.0阶段”，商务楼宇日益嵌入整个城市的治理体系之内，楼宇中的政务服务水平随着党建工作的推进而不断提升，楼宇党建的质量也随着政务服务资源的不断注入和政务服务水平的不断提升而不断加强。例如，杨浦区在行业层面，牵头成立科技、教育等区域化党建联盟分会，吸引银行、创投公司加入，探索“上下楼变上下游”供应链融资模式，帮助“优刻得”等一批企业茁壮成长；在企业层面，组建龙头企业“党建＋创业”导师工作室，发挥华平信息等19家领军企业作用，带动136家小微企业共建良好生态圈。针对楼宇内初创型、小微型企业多的特点，构建“四个就地”工作模式：就地服务，就是整合政务服务、创业培训等资源，为创客提供服务；就地培育，就是因企施策推动哔哩哔哩等企业建立独立党支部；就地成长，就是加强“网络e支部”建设，鼓励党员创先争优；就地公益，就是引导企业回报社会，开展为民公益服务，以党建助推企业发展。闵行区梅陇镇党委以打造提升中庚百联党建服务站为切入口，大力开展南方商城区域内楼宇党工共建，推动税务、工商、科委、人才工作室等职能部门服务职能进入站点，多渠道服务入驻企业和员工。“以党建为引领，服务更精准了，商圈吸引力更强了，企业才能更好地发展。这也是优化营商环境”。虹梅街道依托微信平台实现党务、政务、社会服务的网上咨询、办理和预约，大大提升办事效率，让企业有更强的获得感。徐家汇街道建立楼宇企业家联谊会，为企业家相互沟通交流搭建平台，开设“博学讲坛”，邀请楼宇工作人群围绕本人擅长领域进行讲授，促进楼宇内企业之间的文化交流，提升楼宇多元氛围，有效优化楼宇品质。

第二节 从组织化党建到整体性党建

经济社会变迁带来的政党基层组织同社会的“脱嵌”，加之楼宇社区自身的特殊经济属性，楼宇党建普遍面临着“组织难覆盖，场所难建立，活动难开展，作用难发挥”等四大难题，这也决定了楼宇党建必然无法简单沿用传统的单位党建或社区党建模式。在长期实践中，人们逐渐认识到，单纯依靠“建组织”可能无法真正实现对楼宇社区的有效引领，由此以白领驿家、金领驿站等为代表的通过“送服务促引领”的楼宇党建创新 2.0 版就具有极其重要的价值和意义。

商务楼宇是城市化发展和经济转型的直接产物，是“两新”组织和高素质人才的集聚地，也是城市新社会空间的典型代表。商务楼宇中的各类要素具有“高密度、高层次、高流动”的特征，经济能量和社会影响力十分强大。这样一个典型的“高能量级”空间，是不应该脱离于党的组织体系之外的。商务楼宇中的党建工作能否做好，直接关系到社会基本面的向心力是否强大。本质上涉及新时代党如何与“新经济组织”打交道的问题，换句话说，如果党在这一极具挑战性的空间中可以进行有效发挥实质性引领的话，那么党在其他领域就更容易发挥其引领作用。然而，在商务楼宇中开展党建工作，又面临许多不同于单位党建和社区党建的特殊困难。

同居住社区相比，楼宇社区被称为城市中的“垂直社区”，它是一个由聚集在一定区域范围内的企事业单位及其从业者和其他利益相关者共同组成的极为松散的经济性和职业性社会空间。楼宇社区与居住社区最大的不同在于以下几点。第一，楼宇社区中的经济社会要素具有更高的流动性，“两新”组织及其从业者的新陈代谢与流转速度很快。这不仅使他们自身对于开展党建活动缺乏长远规划和预期，也为基层党建工作者开展党建活动、提升党群联结密度和频率带来了更大的困难。第二，楼宇社区中的主体人群是高学历、高收入的青年楼宇工作人群。调研表明，相比参加党建活动，青年楼宇工作人群更愿意将时间和精力投入职业发展、参加兴趣活动等方面。传统的党建活动，很难调动起他们的参与热情。第三，楼宇社区是一个高度职业化的空间。这决定了楼宇中的人群的核心诉求必然是经济性和职业性的，也导致他们难以有充分的闲暇时间参与楼宇的党建活动。

楼宇党建创新已经走过了“就党建论党建”的阶段，而步入了整体性党建的新的历史时期。经济社会不断发展，基层党建也要不断创新。商务楼宇是各类新业态、新事物、新人群、新观念集中的地方，楼宇党建更应当树立开放思维和创新意识。楼宇党建创新应真正以人民为中心，脱离“就党建论党建”的传统思维，将党建与中心工作、党建与群众工作结合起来，通过组织创新、多建融合、资源赋能、效用叠加，形成整体性的党建合力，真正解决群众关心的实际问题，通过党建引领创造并提高治理效能，从而在增强组织凝聚力的同时，提高群众组织力。

从空间性质来说，单位党建依托于相对封闭的单位空间，组织边界清晰明确，组织权力稳固有力，属于“组织化党建”模式。而楼宇党建依托于高开放性、高职业化、低政治性的空间，楼宇空间的属性和特征决定，楼宇党建无法简单沿用传统的单位党建模式，而只能采用区域化党建模式。这是因为，楼宇是区域性的物理空间，而单位则是组织化的制度空间。楼宇空间不仅不具备单位空间中的制度权力和组织资源，也不具备单位的组织边界和组织关联，楼宇内各要素之间是一种自愿性的“联合”关系，而不是权力性的“组织”关系。如果说“以条为主”的单位党建可以分散进行，那么“以块为主”的区域化党建则必须整体推进，采取“整体性党建”的模式，激发各类主体，融合各方资源，通过党组织的枢纽功能创造治理绩效，从而培育党建权威。通过阵地建设、组织建设、制度建设、项目建设，将楼宇内跨单位、跨行业、跨系统的党员和企业或其他组织联结起来。[1]通过对新社会空间进行政治覆盖、政治激发、政治吸纳，依靠具有中国特色的党建引领和政治保障，促进楼宇经济又好又快地发展和楼宇空间的善治，有效提升基层党组织对楼宇新社会空间的代表、整合与动员功能，进而强化新时代的“政党-社会”关系，厚植党的执政基

[1] 汪仲启:《整体性党建：破解城市楼宇党建困境的有效方式》,《理论视野》2019年第1期。

础。通过对理论和实践两方面的系统分析，我们认为，城市商务楼宇党建的核心诉求在于，通过“空间重组”和“关联再造”，以整体性党建激发楼宇社区善治，有效建设国家进入社会的通道，从而恢复国家对于社会的代表、整合与引领功能。

第一，整体性党建适应了新时代–新结构–新党建的基本要求，推动我国城市基层党建工作从机关党建、居民区党建，到“两新”组织党建、楼宇党建和区域化党建的转变，正在走出一条城市新社会空间中的新党建之路。

第二，整体性党建的主要思路是“基层党建＋社会治理创新”，做到将基层党建的政治需求、安商留商的经济需求和公共服务的社会需求相结合。整体性党建不是单纯的就党建论党建，而是注重通过党建引领有效解决经济发展和社会治理中的实际问题；通过解决经济发展和社会治理中的实际问题，有效提升区域内“两新”组织和社会成员的获得感，从而实际增强党组织在人民群众心目中的认同度，提升党建的实际效度。

第三，整体性党建的基本方法是持续推进基层党建和群团建设的深度融合，通过组织重构，将条线上的各类资源加以有效整合，实现党建＋工建＋妇建＋团建的融合，单位党建＋“两新”组织党建＋楼宇党建＋区域化党建的融合，党建阵地＋党建纽带的融合，进而实现组织覆盖＋工作覆盖＋引领力覆盖的融合。

第四，整体性党建的有效落实，主要通过可落地的项目分步推进。目前，无论是街道层面的中央厨房配送，还是工会福利供给，或是片区及楼宇的自我策划，都是以项目制的方式推进的。这一操作方式很具弹性和实效性，未来应加以发扬光大。建议组织片区或楼宇开展项目竞赛，由楼宇或片区自主设计竞赛项目并争取资助。这样不仅能够优化资源的配置方式，更能够锻炼社会自身的组织能力。

第五，整体性党建项目的设计实施，应以受众需求为导向，确立“用户思维”。建议由各片区工作室牵头进行用户需求调查，将调查结果作为设立项目、分配资源的依据。

第六，整体性党建的持续发展，应注重多方参与，培育新社区精英，官方角色逐渐由“主导”走向“引导”，从台前走向幕后。党的二十大报告提出，要“健全共建共治共享的社会治理制度，提升社会治理效能”，“畅通和规范群众诉求表达、利益协调、权益保障通道，完善网格化管理、精细化服务、信息化支撑的基层治理平台”，“建设人人有责、人人尽责、人人享有的社会治理共同体”。这充分说明，党建引领的现代基层治理格局是多元参与、互动共享的。这应当成为整体性党建深入推进的原则性、方向性指导思路。

第七，整体性党建的持续发展，应更加注重资源整合，通过恰当的项目设计和政治推力，有效撬动区域内各类存量资源，发动更多的国有企事业单位参与资源共享；同时激活增量，拓宽资金来源，推动基层党建和社会治理由“资源依赖型”向“自主再生型”转化。

第八，整体性党建的稳定有序发展，离不开一支有使命、有担当、有能力的基层工作者队伍。目前，通过基层治理队伍职业化建设，有一大批新鲜血液充实到党建和社会治理队伍中来，但他们的能力素质和稳定性还有待进一步加强。应提升激励，创造更好的条件稳定队伍；以老带新，有序代谢，规范考核，打造一支“想干事，能干事”的基层工作者队伍。

第九，整体性党建举措的有力实施，需要得到群团、工商、税务、金融、民政等许多方面的支持与配合，应加强顶层设计，强化政治势能，调动各方综合配套，整体推进，强化基层党建和社会治理的支撑力量。

第十，整体性党建要提升传播力和外部示范效应，应提炼品牌价值，规范工作步骤，由点及面，形成可复制可推广的工作模式。

第三节 新时代楼宇党建的进一步创新行动

20余年来，上海商务楼宇党建不断创新，实现了从“静静的革命”走向“新时代的突破”。回顾其中的规律，我们认为，应该在顺应社会发展大趋势的基础上，科学把握新时代楼宇党建的基本特点，大胆推进一系列创新性行动。

一、遵循新时代楼宇党建的新特点、新规律

一是楼宇党建智能化。在迅猛发展的信息网络时代网络技术已经进入千家万户。特别是在这些经济业态较新、产业层次较高的众多楼宇“两新”组织中，互联网技术应用十分普遍。上海的楼宇党组织必须敏锐地抓住数字化发展的契机，积极运用互联网思维和信息化技术，打破常规思路，有条件地实现党员在线沟通交流、在线教育学习、在线组织生活等，为党员提供触手可及的服务。例如别开生面地推出“微党课”“微制作”“微活动”“微心愿”“微展示”“微参观”“微视频”等活动，得到了广大“两新”党员的如潮好评，丰富多样的

“微选项”让党日活动内容变实、形式变新、功效变强，“两新”党员在反馈中谈道，形式活泼、接地气的“微选项”很新颖，我们很喜欢，不仅让我们铭记自己的党员身份，更有实实在在的获得感。

二是楼宇党建项目化。楼宇工作人群的时间具有职业化、碎片化特点，很难有固定、完整的参与时间。因此，上海楼宇党建需要普遍应用项目化服务推送、项目化活动、项目化参与的方式，见缝插针，满足楼宇党员楼宇工作人群的需求。例如，以“两新”组织党建工作为基础，基于“两新”组织党员的实际需求开发项目并在组织中积极宣传各个项目，像“沪语会”就是其中的一个典型案例。语言是一个地区文化的浓缩体现。上海作为国际化大都市，每年都有许多“新上海人”涌入，对沪语以及上海文化有强烈的兴趣与学习热情。嘉兴大厦联合党委与潍坊街道组织开展沪语版，邀请到知名沪语专家、上海大学中文系丁迪蒙副教授为党员们授课，从沪语发音开始讲起，穿插沪上文化，为党员打开一扇了解传统沪上文化的大门。但目前，大量楼宇党建项目的运作仍主要是“由上而下”推动项目的运作，党员仍处于“被动”接收的状态，今后应进一步向“上下互动”发展。

三是楼宇党建志愿化。志愿服务是激发社会参与、体现党组织引领能力的重要因素。为了适应楼宇中的党员参与楼宇社区治理的实际需求，各区和各街镇需要按照构建“党委领导、政府负责、社会协同、公众参与、法治保障”工作格局要求，坚持把开展党员志愿服务与创新社会治理相结合，以党员志愿者为骨干，以志愿服务为抓手，打造服务型楼宇党组织；通过党建带群团建设，动员党员、群众共同参与，激发了入驻企业积极开展志愿服务活动的热情；通过“走出去”和“请进来”相结合的工作方式，楼内动员与楼外引进相结合，打造服务新模式，探索服务新领域，为楼宇党建工作注入新内容、增添新动力。例如在实践中，南京东路街道华鑫海鑫楼宇治理联席会组织各大厦企业的青年楼宇工作人群到人民广场地铁站做志愿者；开展党员先锋岗活动，制定党员先锋岗服务承诺，树立党员的良好形象；还组织党员和入党积极分子参加社区的便民服务活动和贫困帮扶活动，到敬老院慰问老人，资助社区贫困学生等弱势群体。不少年轻楼宇工作人群说，在服务社会的过程中，找到了自身的价值。

四是楼宇党建联动化。楼宇不是孤立的城市设施，而是城市有机体中活跃的组成部分，不仅相近区域的楼宇之间往往具有较强的生态效益，商务楼宇同周边社区之间也存在较为复杂的互动关联。随着上海楼宇党建创新实践的不断深入，基层党建行动者逐渐认识到，通过将区域化党建和“三建融合”的思路融入商务楼宇党建之中，能够有效激发出楼宇党建的规模效应和同频共振效应。例如，南方商城商圈是闵行区梅陇镇较具规模的商圈，一共有十余栋商务楼宇。2018 年，闵行区梅陇镇党委决定引入区域化党建思路，在南方商务区成立中庚百联联合党委，并在中庚写字楼内打造了梅陇党建的新地标——中庚百联党群服务站，并将之作为南方商务区党建工作阵地。在架构上，中庚百联党群服务站由中庚百联联合党委和南方商务区党建联盟共同管理，双方设置党建联席会议串联共建，辐射整个南方商务区。与此同时，梅陇镇多个职能门将服务导入服务站，从而使服务站成为了楼宇里的党校、楼宇工作人群的邻里中心和企业居委会。服务站以“绿色、开放、共享、创新、协调”的五大发展理念辐射包含百联集团、中庚环球创意中心、南方商城、莲花国际广场、宁谷大厦、胜富仁大厦、欧银科谷、漫游城、聚龙酒店在内的商务区中的所有楼宇、商场内的企业、党员和楼宇工作人群，为其提供党员党性教育、企业人才服务、党员群众凝聚等多维一体的人性化服务。再比如，浦东新区潍坊新村街道嘉兴大厦建立联合党支部后，把建立工青妇群众团体组织，作为开展非公有制企业党建工作的重要载体和有效切入点，先后领导和建立了嘉兴大厦联合工会、嘉兴大厦联合团总支、嘉兴大厦妇女联合会及“老总读书会”等充满生机和活力的群众组织，支持他们独立自主地开展工作。并把党组织和群团组织对应设置，人员交叉任职，工作同步发展，通过党群联手有效增强党的工作的影响力、渗透力。通过党建联动，深化“三为民”、“三服务”等服务项目。通过紧贴“楼宇工作人群”的“需求点”“兴趣点”，开展“文化进楼宇”“咨询进楼宇”等相关活动，帮助解决楼宇工作人群的实际难题。

二、形成新时代楼宇党建的一系列新思维、新理念

此前，我国大部分城市都只是把目光聚焦于楼宇的经济性质上，而没有注意到城市商务楼宇作为一个新型社会空间特别是作为一种特殊社区的重要意义。[1]这使得楼宇党建和楼宇治理长期得不到重视，楼宇成为一个纯粹的经济空间，甚至使得楼宇成为许多城市基层党建体系中的“盲点”。实际上，在城市商务楼宇中，一种新的基层群落——楼宇社区——正在形成。[2]这意味着，楼宇不仅仅是“两新”

[1] 吴金群：《楼宇经济发展过程中的政府管理模式转型——以杭州市下城区为例》，《中共浙江省委党校学报》2011 年第 3 期。

[2] 姚先国、项永丹：《从楼宇经济到楼宇社区：政府服务模式创新和发展战略选择》，浙江大学出版社 2011 年版。

组织聚集的经济生产空间，而且是大量党员楼宇工作人群聚集的重要的社会生活和社会交往空间，对楼宇中的党员群众进行吸纳、管理、服务和组织动员，是新时代提升党的组织力的必然要求。在楼宇空间“社区化”的意义上来看待楼宇党建，那么楼宇党建就不能局限于“两新”党建，因为“两新”党建依然是组织化党建的思路；而必须走向区域化的整体性党建，即将楼宇作为物理性的党建空间来对待，比照居民区党建一样设置党组织、投入党建资源。楼宇党建的进一步发展，应当以整体性党建为指引，在组织建设、活动方式和功能拓展等方面下功夫：

第一，注重资源共享。改变基层党组织唱独角戏的局面，充分发挥基层党组织的枢纽功能，充分融合工青妇等其他条线资源，借势借力，充分整合行政资源，在资源共享中增强政治势能。同时，以党建资源撬动社会资本和公众参与，在众筹共建中营造紧密的“党社关系”。比如，街道跨前一步，主动对接楼宇商圈，充分利用后者的开放空间，注入党建服务资源及项目，将街道的公共服务供给、企业员工的需求、楼宇和商家吸引人气的需求相结合，吸引企业、社会组织等社会资源和社会资本的共同参与。

第二，注重手段创新。新时代的城市基层党建，必须充分顺应信息化、网络化发展大势，充分利用互联网、大数据等新技术工具，创新党建平台，提升流动社会、职业社会条件下，基层党建的便利化、智能化水平。比如，引入互联网思维，积极应用“支部通”“社区通”等移动平台，通过线上平台拓宽党员参与渠道，方便党员教育管理和服务，突破基层党建的时间和空间限制。

第三，注重内生力量。充分发挥党员群众“两个积极性”，避免单纯的动员性党建，注重挖掘党员群众的主动性和内生力量。例如，将楼宇工作人群作为楼宇党建的主体力量，重视发挥楼宇工作人群党员的带头作用，以楼宇工作人群党员员工调动全体员工积极性，促进楼宇社区自组织程度提升。在各项服务内容上，坚持自选活动为主、资源配送为辅，强调楼宇工作人群的自主参与和自我服务。

第四，注重党群服务。充分利用基层党建和社会治理的资源优势，通过“大调研”“大走访”，精准掌握楼宇党员群众的真实需求，建立党建对象的“资源清单”“需求清单”“问题清单”，有的放矢，以优质服务满足党员群众的需求为“支点”，提升党建效能。例如，立足区域化大党建，将党建和社会治理、工青妇等资源相结合，推动社区资源进楼宇，楼宇资源进社区，加强楼宇和社区间的双向联动。

第五，注重内涵全面。充分注意新时代党员群众的生活习惯、思维习惯和阅读习惯等，牢固树立“受众意识”，创新党建活动形式，避免党建活动“老八股”，增强基层党建的吸引力。比如，在党群服务中心的打造上，突破党建空间的单一功能，打造兼顾教育、宣传、展示、活动参与和群众服务多种功能的复合型空间；在党建活动的开展上，突破原先自上而下的单向度党建模式，注重党建的参与性、体验性、互动性和获得感等多维效果，全面深入推进生活化党建，促进党员在学习教育、休闲娱乐、文化欣赏、交往互动等各方面的发展。

三、进一步推进楼宇党建的创新性行动

要进一步推动上海商务楼宇党建创新突破，必须付诸一系列更富创造力的行动。通过四十多年的改革开放，特别是市场经济的发展塑

造出了完全不同于计划经济时代的社会格局，这主要体现为复杂社会、流动社会、网络社会、风险社会和物权社会的形成。以上五个维度的形成，对于新时代的社会治理和基层党建提出了严峻的挑战。因此，我们必须推动基层党建的创新性行动，以提高党建引领新社会结构、新物权结构、新组织结构、新需求结构的能力，使我党具有高超的驾驭和引导社会快速变迁的能力。面向未来，我们认为，上海商务楼宇党建创新依然需要坚持并发展如下一些典型性的创新行动：

一是理念革新行动。楼宇党建是新生事物，要通过不断总结楼宇党建工作规律，打破思维定式，更新工作理念，逐步适应楼宇党组织领导方式从依靠行政权力转变为主动服务、工作方式从注重党的自身建设拓展为党群工作同步运转、活动方式从行政化倾向转变为社会化取向、社会效果从党员个体转变为辐射到社会的转变。

二是精英培育行动。党组织带头人对党建工作的投入以及热情程度是楼宇党建工作开展成功与否的一个重要因素。一位对党建业务熟悉，富有感召力的党建领导者可以使得基层党组织充满活力，作用得到有效发挥。要特别注重加强各领域基层党组织带头人队伍建设，多渠道选任、多层次培训，完善激励保障机制等，确保党组织作用发挥的持续性和长效性。相比于目前对社区治理经验和骨干队伍建设的重视程度，我们认为楼宇党建治理精英群体的发掘和培育亟待加强。

三是资源整合行动。新形势下楼宇党建工作的开展特别需要注重资源整合、共享功能。只有优势互补、资源共享、集约提升，才能更好地使区域内各类党组织实现资源交换。一是需要组织资源的整合，通过优化组织体系，楼宇党组织可与居民区党组织形成上下联动、横向互通的网络体系；二是需要行政资源的整合，楼宇党建并非仅仅是组织部门的“党务工作”，而且涉及大量业务部门的“治理工作”，离不开条线部门治理资源的大力支持；三是需要社会资源的整合，通过搭建多种形式的平台，充分激发楼宇工作人群参与社会治理的热情；四是需要文化资源的整合，依托相关项目，发挥基层党组织对文化建设的引导作用。

四是智能党建行动。现代信息技术网络对楼宇党建起到越来越重要的支撑作用以及提供广阔的发展空间，楼宇党组织应主动应用数字化平台工具，有条件的可以研发集基础数据、管理服务、统计分析于一体的“党建服务管理系统”，进一步的发展应普遍建立和广泛运用微信群、微信公众号等网络信息技术平台。应打破传统党建方式的条条框框，以“实用”“管用”“爱用”为原则，持续探索新技术在楼宇党建工作中的应用，尽可能多地将楼宇党建工作搬到互联网上，实现现代互联网技术与楼宇党建工作的充分融合和有效对接。

五是项目健全行动。应该在楼宇党建工作中深入践行全过程人民民主重大理念。通过社会化运作、项目化实施、制度化保障的办法，探索片区区域党建共同体“共同决策、共同协商、共同管理、共同服务、共同参与”的五大机制，形成“资源共享、优势互补、条块结合、共驻共建”的新局面。紧紧围绕实际需求，让项目从确认、发布到认领和实施都进行规范、系统的操作，形成项目征集多元化、项目确认实体化、项目认领社会化、项目开展规范化、共治活动常态化的“五化”模式，推动党建工作做到实处，让广大楼宇“两新”组织和党员群众产生强烈的主人翁意识。

后 记

人的一生，总会因许多因缘际会，产生一些意想不到的选择，有的人甚至会因此走上完全不同于自己所设想的道路。做学术研究也同样如此。

我经历了七年的法科教育，做过七年的学术媒体记者，然后去攻读了政治学的博士学位，博士期间研究的是当代中国的民主问题，博士毕业后成为了一名党校教师，如今要出版有关楼宇党建的著作。以上种种选择，看起来似乎过于跳跃，毫无逻辑。但实际上，对中国政治理论和实践的探寻，是贯穿于我求学、工作和研究经历背后的一根主线。之所以得遇楼宇党建研究的机缘，并不能说是阴差阳错的结果。还在复旦大学政治学系攻读博士学位期间，我就陆陆续续跟随恩师刘建军教授对上海的楼宇党建有所接触。2017 年博士毕业以后调入中共上海市委党校工作，所负责的第一个横向课题，正是刘建军教授承接的上海市黄浦区南京东路街道有关楼宇党建的课题。正是通过南京东路街道的课题研究，我意识到楼宇党建背后蕴含着深刻的政党社会关系的变迁。这是一个十分重要的实践和学术议题，值得从政治学、社会学、党建学等多学科角度进行深入研究。

上海是中国城市化最高的城市之一，也是楼宇经济重镇，理所当然地较早面临楼宇党建的问题。从楼宇党建概念被冠以“党建”二字来看，这应当确凿无疑地属于党建学科的研究领域。但楼宇党建背后，本质上是一个在经济社会大转型的时代背景下，中国共产党的组织体系和功能机制如何进行适应性变迁的宏大问题。在革命战争年代，中国共产党通过“支部建在连上”，一举克服了党组织同军队之间的互嵌问题。在单位体制时代，中国共产党通过在工厂、学校、矿山、机关、城乡社区等各类政治经济社会细胞中建立党组织，真正实现了党与社会之间的紧密相联。而改革开放以后，市场经济和多种所有制的发展，则标志着这种紧密关系开始被打破。更为要紧的是，在改革开放进程中孕育出来的新经济组织新社会组织，以及楼宇、商圈、园区，乃至于互联网平台等新的空间形态，同过去的“单位”有了质的不同。在这些新社会空间中如何开展有效的党建，进而重构紧密的政党社会关系，可以说是当代中国政治社会现象中最为重要的实践和学术议题之一。

正是基于这样的考虑和认识，加之进入新的工作单位后恰逢上海市推进楼宇党建创新的热潮期，我有机会参与若干相关研究课题，于是楼宇党建研究竟也成为这几年来我颇为用力的一个研究领域。几年来，我陆续参与或负责了黄浦区南京东路街道、浦东新区潍坊新村街道、长宁区委组织部等若干有关楼宇党建的横向课题；还到普陀区长寿路街道，静安区南京西路街道、静安寺街道，徐汇区徐家汇街道，闵行区梅陇镇，以及成都市高新区、珠海市香洲区、北京市东城区等地开展有关楼宇党建的调研。在此基础上，2019年我中标了上海市哲学社会科学规划办公室课题“上海商务楼宇党建创新模式研究”，2021年中标了国家哲学社会科学规划办公室课题“新领域新业态党建难题及其破解路径研究”。由此，我也同包括楼宇党建在内的新兴领域党建研究结下了不解之缘。此书就是在上海市哲学社会科学规划办公室课题“上海商务楼宇党建创新模式研究”课题报告基础上的成果。

研究楼宇党建以来，我得到许多人的恩惠。首先必须感谢刘建军教授，他不仅引导我进入了这一重要的研究领域，也为我开展楼宇党建研究提供了大量知识上的启发和研究资源方面的帮助。感谢上海大学李友梅教授，她为本书的完成提供了无私的帮助和有力的支持。感谢复旦大学政治学系郭定平教授，郭老师抬爱后学，欣然为本书作序。感谢我曾经调研过的各有关部门、街镇的领导和工作同志，以及接受我调研访谈的楼宇企业代表和楼宇党群工作者。本书是学术合作的产物。感谢本书的合作者，上海大学社会学系李朔严副教授主要撰写了第四章，华东理工大学侯利文副教授主要撰写了第五章。汪仲启确定了本书的研究视角和基本框架，提出了主要观点，拟定了写作大纲，撰写了除第四、第五章以外的主要内容，并对全书进行了统稿和修订。其中部分内容曾经在《理论视野》《解放日报》等报刊上公开发表。感谢上海人民出版社责任编辑吕桂萍老师耐心细致、兢兢业业的工作。感谢上海市哲学社会科学规划办公室，将本书纳入出版计划资助出版。另外还有许多对我提供过帮助的人，恕我无法在此一一具名，但你们的帮助我一直铭记在心。

从学术标准来看，本书无疑还是相当粗陋的。但就在这么一个十分重要但目前依然专论很少的议题领域，抛出一个作品供大家批评指正，或许也有其价值。当然，文责概由本人承担。

汪仲启　谨识

2023 年 8 月 15 日

图书在版编目(CIP)数据

红色天际线:上海楼宇党建创新经验与规律/汪仲启等著.—上海:上海人民出版社,2023
(上海智库报告)
ISBN 978-7-208-18541-8

Ⅰ.①红… Ⅱ.①汪… Ⅲ.①中国共产党-社区-党的建设-上海 Ⅳ.①D267.7

中国国家版本馆CIP数据核字(2023)第174592号

责任编辑 吕桂萍
封面设计 懂书文化

上海智库报告
红色天际线
——上海楼宇党建创新经验与规律
汪仲启 等 著

出　　版 上海人民出版社
(201101 上海市闵行区号景路159弄C座)
发　　行 上海人民出版社发行中心
印　　刷 上海新华印刷有限公司
开　　本 787×1092 1/16
印　　张 15
插　　页 2
字　　数 166,000
版　　次 2023年9月第1版
印　　次 2023年9月第1次印刷
ISBN 978-7-208-18541-8/D·4200
定　　价 70.00元